ÖSTERREICHISCHE AKADEMIE DER WISSENSCHAFTEN
PHILOSOPHISCH-HISTORISCHE KLASSE
SITZUNGSBERICHTE, 284. BAND, 2. ABHANDLUNG

VERÖFFENTLICHUNGEN DER KOMMISSION ZUR HERAUSGABE
DES CORPUS DER LATEINISCHEN KIRCHENVÄTER
HERAUSGEGEBEN VON RUDOLF HANSLIK
HEFT VI

KURT SMOLAK

DAS GEDICHT
DES BISCHOFS AGRESTIUS

EINE THEOLOGISCHE LEHREPISTEL
AUS DER SPÄTANTIKE

(EINLEITUNG, TEXT, ÜBERSETZUNG UND KOMMENTAR)

WIEN 1973

VERLAG
DER ÖSTERREICHISCHEN AKADEMIE DER WISSENSCHAFTEN

Vorgelegt in der Sitzung
am 12. April 1972

Gedruckt mit Unterstützung durch den Fonds zur Förderung
der wissenschaftlichen Forschung

Druck von Adolf Holzhausens Nfg., Universitätsbuchdrucker, Wien

Cod. Paris. Lat. 8093, fol. 38ᵛ
(veröffentlicht mit Genehmigung des département des manuscrits
der Bibliothèque nationale, Paris)

INHALT

VORWORT

Im vorliegenden Heft der „Veröffentlichungen der Kommission zur Herausgabe des Corpus der lateinischen Kirchenväter" wird ein kleiner Text publiziert, der bisher so gut wie unbekannt war, dessen literarhistorische und formgeschichtliche Probleme jedoch eine eingehende Kommentierung erforderten, besonders da die interpretatorische Arbeit an spätantiken Dichtungen noch nicht sehr weit fortgeschritten ist. Dies hat zur Folge, daß keine bequemen Verweise auf Stellensammlungen in einschlägigen Werken angebracht werden konnten, sondern das Material zu den jeweiligen Partien zur Gänze dargeboten werden mußte, sollte dem Beziehungsreichtum eines spätantiken Literaturwerks Rechnung getragen werden. Daß dadurch die Lektüre erschwert wurde, schien aber ein geringerer Nachteil als der Verzicht auf sonst nirgends auffindbares Stellenmaterial. Für die Schaffung optimaler Arbeitsbedingungen sowie für die Aufnahme in die Reihe der „Veröffentlichungen" bin ich Herrn Professor HANSLIK zu Dank verpflichtet. Mein Dank gilt ferner Herrn Professor BISCHOFF, München, für so manche freundliche Auskunft, den Herrn Dr. DIVJAK und Dr. ZELZER, Wien, die die Korrekturen mitgelesen und wertvolle Hinweise beigesteuert haben, sowie dem Fonds zur Förderung der wissenschaftlichen Forschung für die Gewährung eines erheblichen Druckkostenzuschusses.

Wien, im November 1972   KURT SMOLAK

EINLEITUNG

I. Person und Zeit des Verfassers

1. Äußere Kriterien

Die berühmte westgotische Dichterhandschrift, deren erster Teil sich in der Pariser Nationalbibliothek unter der Signatur Lat. 8093 befindet — der zweite liegt in Leiden als Voss. Lat. F 111 —, enthält als letztes Werk des Pariser Teils (f. 38 ᵛ 1, 2) ein fragmentarisches Gedicht von neunundvierzig Hexametern, das den Titel ‚versus Agresti episcopi de fide ad Avitum episcopum in modum factitie' (sic; siehe dazu S. 46—49) trägt und nur in dieser Handschrift überliefert ist[1]. Eine Zuweisung des Bruchstücks an eine bestimmte Persönlichkeit oder in eine bestimmte Epoche ist nach den äußeren Kriterien, die die Handschrift bietet, nicht zu gewinnen, da sie poetische Erzeugnisse von Ausonius (Leidener Teil) bis Theodulf von Orléans enthält[2]. Mit etwas größerer Wahrscheinlichkeit kann die Dichtung zunächst lokal festgelegt werden, und zwar auf den gallisch-spanischen Raum, da sämtliche in beiden Teilen der Handschrift enthaltene Dichter diesem Kulturbereich entweder abstammungsmäßig[3] oder der Überlieferung ihrer Werke nach

---

[1] Die Handschrift ist nach B. BISCHOFF, Ein Brief Julians von Toledo über Rhythmen, metrische Dichtung und Prosa, *Hermes* 87 (1959) 250 f. (= Mittelalterliche Studien 1, Stuttgart 1966, 292), im ersten Viertel des neunten Jhdts. in Lyon geschrieben. Vgl. auch VOLLMER, *MGH* auct. ant. 14, XIX f., der sogar saec. VIII/IX für möglich hält. Eine Beschreibung des französischen Teils der Handschrift bietet L. DELISLE bei G. B. ROSSI, inscr. Christ. 2, 1, 292, die VOLLMER a. a. O. wiedergibt. Vgl. auch A. MILLARES CARLO, Manuscritos Visigóticos, *Hisp. Sacra* 14 (1961) 350 f. (Nr. 131) = *Monum. Hisp. Sacra*, subsid. 1, Barcelona-Madrid 1963, 63 f.

[2] Eine vollständige Inhaltsangabe beider Teile bietet S. TAFEL, Die verloren geglaubte Hälfte des Vossianischen Ausonius-Kodex, *Rhein. Mus.* 69 (1914) 635—637, der ihre Zusammengehörigkeit erkannt hat.

[3] Wenn Sedulius nicht spanischer oder südgallischer, sondern italischer Abkunft war (vgl. B. ALTANER, A. STUIBER, *Patrologie*⁷, 1966, 411; SCHANZ-HOSIUS, *Gesch. der röm. Literatur* 4, 2, 369), so sind seine Gedichte doch im merowingischen Gallien bestens bekannt gewesen, wie die von Greg. Tur. Hist. Franc. 5, 44 (*MGH* script. rer. Mer. 1, 237 ARNDT) berichtete Nachahmung durch den Frankenkönig Chilperich bezeugt.

angehören: dies gilt besonders für den Aquitanier Paulinus von
Nola, dessen Gedichte zwar größtenteils in Italien entstanden
sind[4], der aber mit seiner gallischen Heimat immer auch literari-
schen Kontakt unterhielt (Ausonius, Sulpicius Severus), für den
Afrikaner Dracontius, dessen Text Eugenius von Toledo für König
Chindaswint (640—649) rcvidierte, und für die Anthologiegedichte.
Über die Persönlichkeit des Dichters Agrestius läßt sich keine wirklich verbindliche Aussage machen, obwohl wir abgesehen vom
Namen — vorausgesetzt daß die Angaben des Titels richtig
sind, was anzuzweifeln kein Grund besteht —, zwei äußere
Anhaltspunkte besitzen: erstens die Angabe seiner Bischofs-
würde, zu der auch die Selbstbestimmung *excelsi domini famulus*
(= servus) in Vers 3 zu passen scheint, zweitens die auch in der
poetischen intitulatio in Vers 2 wiederkehrende Adressierung
an einen Bischof Avitus. Zum ersten Datum: Bischöfe mit dem
Namen Agrestius[5] sind ab der ersten Hälfte des fünften Jhdts.
bekannt, und zwar: 1. Idatius, chron. Hieron. 100 (MGH auct. ant.

---

[4] Vgl. W. v. HARTEL, *CSEL* 29, V; O. BARDENHEWER, *Geschichte
der altkirchlichen Literatur* 3², Freiburg i. Br. 1923 (Neudruck Darmstadt
1962) 575 f.

[5] Agrestius (Weiterbildung des schon in der frühen Kaiserzeit als Cognomen
der gens Iulia verwendeten Agrestis [siehe A. STEIN, *RE* 10, 1, Sp. 125; *PIR* 4, 128
Nr. 125]) entspricht dem für den lateinischen Bereich ebenfalls schon früh belegten
griechischen Agroecius ('Αγροίκιος: dazu PAPE-BENSELER 1, 14: Nr. 1 ist zu
streichen, da es sich um Agroecius von Sens [dazu siehe S. 13] handelt, dessen
griechische Namensform ein Artefakt ist, die Libaniosstellen [Nr. 2 bei PAPE-
BENSELER] vollständig im Index von FÖRSTER s. v.): siehe H. SOLIN, *Beiträge zur
Kenntnis der griechischen Eigennamen in Rom*, Helsinki 1971, 117, A. 1. Die latei-
nische und die griechische Namensform bestehen nebeneinander wie Caelestius
(Weiterbildung von Caelestis) und Uranius/Οὐράνιος (mit dem Unterschied, daß auch
die Quellen, die die Form Uranius bieten, sich auf Persönlichkeiten des griechischen
Sprachbereiches beziehen: vgl. K. DEICHGRÄBER — A. LIPPOLD, *RE* 2. Rh. 9, 1,
Sp. 947—952 bzw. R. HANSLIK, *RE* Suppl. 9, Sp. 1867 f.). Der früheste historisch
sichere Beleg für Agrestius ist ein Prokonsul von Palästina aus dem Jahr 384 (Cod.
Theod. 11, 30, 42; dazu O. v. SEECK, *RE* 1, 1, Sp. 891, übrigens der einzige Agrestius
in der *RE*). Nicht exakt datierbar ist ein dem Ariman geweihter Altar, dessen
Stifter ein vir clarissimus Agrestius, defensor, magister, pater patrum ist (*CIL* 6,
47; E. GROAG, *PIR* 1, 77, Nr. 458 datiert vermutungsweise ebenfalls in das vierte
Jhdt.). In der femininen Form Agrestia erscheint der Name auf einer christlichen In-
schrift aus der Nähe von Aeclanum vom Jahre 515 (*CIL* 9, 1382 = *ILCV* 3185 C).
In der Columbavita des Jonas von Bobbio 2, 9 (*MGH* scr. rer. Merov. 4, 123—128
KRUSCH) wird von dem ehemaligen Notar des Königs Theuderich, Agrestius, be-
richtet, der als Mönch in Luxeuil der Häresie angeklagt und auf der Synode von

11, 2, 22 Mommsen) berichtet zum Jahr 433: *in conventu Lucensi contra voluntatem Agresti Lucensis episcopi Pastor et Syagrius episcopi ordinantur.* P. Gams, Series episcoporum, Regensburg 1873, 45 zählt den genannten Agrestius zu den Bischöfen von Lucus Augusti (Lugo) im spanischen Galizien (Gallaecia): zu Lucensis als Adjektiv von Lucus vgl. z. B. CIL 2, 2584[6]. Im Jahre 441 unterzeichnet ein Bischof Agrestius mit seinem Diakon Deudatus *ex provincia Gallaecia civitate Lecentium* (sic) an neunter Stelle die Akten des Konzils von Orange (CC 148, 87, 17 Munter). Munter gibt im Index 237 s. v. Lecentium Agrestius als Bischof von Legio (León) in Spanien an. Gegen diese Deutung von Lecentium spricht als äußeres Argument die Tatsache, daß León erst später mit Sicherheit als Bischofssitz festgestellt werden kann[7], als inneres

---

Mâcon verurteilt wird (626/27). Die Passage aus Jonas ist das einzige Zeugnis für das Matisconense, so daß sie von F. Maassen, *MGH* leg. concil. 1, 206, unter die gallischen Konzilsdokumente aufgenommen wird (nachgedruckt *CC* 148 A, 299), jedoch zitiert nach der alten Ausgabe von Mabillon (*AASS* ord. Bened. 2, 111) mit der Namensform Agrestinus (nach der Klasse A 1 b bei Krusch). Als äußeres Zeugnis für die Namensform Agrestius tritt die vita Sadalbergae abbatissae 8 (*MGH* script. rer. Merov. 5, 54, 12 Krusch) ein, die für den Schismatiker von Luxeuil ebenfalls den Namen Agrestius überliefert. Am Rande sei erwähnt, daß G. Schnürer, *Collectanea Friburgensia* 9 (1900) 88, in ebendiesem Agrestius den Verfasser der Fredegar-Chronik erblicken wollte.

In den hagiographischen auctaria des Usuardus (*AASS* Jun. 6 [= 26] 187) wird zum 11. April aus einem Codex montis sancti ein Märtyrer Agrestius genannt: *Sancti Agrestii martyris, qui fuit socius sancti Romarici, cuius corpus requiescit in isto monte sancto de Rombech, qui antiquitus vocabatur Habendi castrum,* wozu Usuardus bemerkt: De hoc sancto nihil alibi reperio. Es muß sich aber, wie die Nennung des Romarich zeigt, um den eben besprochenen Häretiker handeln: vgl. *AASS* Sept. 4 (= 44) 98 ff. In hagiographischen Quellen scheint der Namer ferner auf: in den Acta S. Sebastiani mart. 2 (*AASS* Ian. 2 [= 2] 265), 12 (271) und pass. als der Stadtpräfekt von Rom während der diokletianischen Verfolgung, der schließlich selbst Christ wird (der volle Name lautet Chromatius Agrestius; die Historizität dieses Mannes — er wäre der früheste belegbare Träger des Namens — ist aber nicht gesichert), in der Vita S. Ioannis abb. Reomaensis 3 (*AASS* Ian. 2 [= 2] 859) als ein Gallier (des 6. Jhdts.), Vater des Diakons Agrippinus, in der Vita Germani episc. 22 des Constantius (*MGH* script. rer. Merov. 7, 267 Krusch) als ein von Germanus Exorzisierter (die Vita spielt in Südgallien) und schließlich zum 8. Juli im hieronymianischen Martyrologium (*AASS* Iul. 2 [= 29] 579 = *AASS* Nov. 2, 358, wozu 360 Nr. 62 notiert wird: nudum nomen), das ja in der überarbeiteten Fassung, in der es überliefert ist, ebenfalls nach Gallien weist.

[6] Vgl. Schulten, *RE* 13, 2, Sp. 1709, 12 f.

[7] Um 850: so richtig O. Engels, *LThK* 6, 960 (mit Literatur) gegen die lokalpatriotisch bedingte Frühdatierung der Bistumsgründung in das dritte Jhdt. durch

Argument paläographische Überlegungen. Die Form Lecentium
des Cod. unicus Colon. Bibl. capit. 212, saec. VI—VII, f. 33ʳ in
Semiunzialschrift (CLA 8, Nr. 1162) ist auf jeden Fall korrupt.
Eine Änderung zu Legionensium (Adjektiv zu Legio) ist wegen des
notwendigen Buchstabenausfalls von ion — eine Kürzung des
Eigennamens in einer Handschrift ist nicht anzunehmen, da durchaus unüblich — schwieriger als zu Lucensium, wobei abgesehen
von der Korrektur des t zu einem s in der Endung (zwischen beiden
Lauten bestand angesichts der assibilierten Aussprache des t vor i
kein allzu großer Unterschied), die aber in beiden Fällen erforderlich ist, nur ein Buchstabe geändert werden müßte, nämlich e zu u.
Ein schlecht lesbarer Abstrich des unzialen u — eine Unzialvorlage
ist für die Mitte des fünften Jhdts. durchaus wahrscheinlich —
könnte, noch dazu unter dem Einfluß der folgenden Buchstaben
c und e, zur irrtümlichen Setzung eines e geführt haben. Wenn man
nun das relativ seltene Vorkommen des Namens Agrestius berücksichtigt, ist es so gut wie sicher, daß es sich bei dem Unter-
zeichner des Arausicanum um den von Idatius für 433 bezeugten
Bischof von Lucus Augusti handelt.

    2. Ein Bischof Agrestius läßt den Presbyter Vitalis 549 an
seiner Stelle das Konzil von Orléans unterzeichnen[8]. Mit einiger
Wahrscheinlichkeit ist er identisch mit dem Bischof Agrestius,
der 552 das zweite Pariser Konzil an neunzehnter Stelle unter-
schrieb (CC 148 A, 168, 58 DE CLERCQ). Die subscriptio des Aure-
lianense lautet: *Vitalis presbyter directus a domno meo Agrescio
episcopo ecclesiae Torronicae subscripsi.* Das Adjektiv Toron(n)icus
(Turonicus) gehört nach zahlreichen Belegen (siehe P. GOESSLER,
RE 2. Rh. 14, Sp. 1418; B. KRUSCH, Ind. zu Ven. Fort. MGH
auct. ant. 4, 2, 132) zu Turones (Tours). Als erster hat L. M. DU-
CHESNE, Les anciens catalogues de la province de Tours, Paris
1890, 27, die Zuweisung dieses Agrestius nach Tours mit dem
Argument abgelehnt, daß Gregor von Tours ihn nicht erwähne,
der Hist. Franc. 10, 31 (MGH script. rer. Mer. 1, 442 ff. ARNDT-
KRUSCH) eine Bischofsliste der Stadt bietet. Darin folgten ihm
F. MAASSEN, a. a. O., H. LECLERCQ, DACL 15, 2, 2543, und C. DE

J. GONZÁLEZ, *Archivos leoneses* 2, León 1948, 3—15. Die Angabe von León als eines
Bischofssitzes für das sechste Jhdt. bei F. VAN DER MEER-CH. MOORMANN, *Bild-
atlas der frühchristlichen Welt*, 1959, 32 wäre demnach zu korrigieren.
    [8] Text herausgegeben von F. MAASSEN, *MGH* leg. concil. 1, 112, 5, jetzt neu
von C. DE CLERCQ, *CC* 148 A, 161, 341 f.

CLERCQ, der Agrestius nach Tournai (Ecclesia Tornacensis) verweist (im Apparat z. St. und Index 353 s. v. Agrestius). Skeptisch äußern sich B. HAURÉAU, Gallia sacra 14 (1856) 19 f., der aber geneigt ist, Agrestius in die Turonenser Bischofsliste aufzunehmen, und GAMS 637 z. J. 549, beide mit dem Hinweis auf Gregor von Tours. Wenn man Gregor vertraut, gibt es grundsätzlich zwei Lösungen, die HAURÉAU andeutet: entweder man hält Vitalis/ Agrestius für eine Interpolation in den Cod. Par. Lat. 1453, der als einziger die subscriptio überliefert, oder man nimmt das handschriftliche Zeugnis ernst. In diesem Fall scheint die von LECLERCQ a. a. O. vertretene und von DE CLERCQ übernommene Deutung des Adjektivs Torronicus als Tornacensis zunächst schwierig, da Toronicus auch in den Kirchendokumenten geläufiges Adjektiv von Turones war (z. B. CC 148 A 15, 5: *episcopus Toronicae metropolis* [Konzil von Orléans vom Jahre 511, Subskriptionsliste]; 129, 48: *ecclesiae Toronice episcopo* [Konzil von Orléans vom Jahre 538, Subskriptionsliste]; 145, 2 [Konzil von Orléans vom Jahre 541]). Läge an unserer Stelle eine mechanische Entstellung von Tornacensis vor (keine andere Form ist belegt), wäre sie wohl zu Turonensis erfolgt. Dagegen ist das mechanische Überspringen einer ganzen subscriptio durchaus denkbar, womit sich das Fehlen in der anderen Überlieferung erklären würde. Wenn die Unterschrift aber genuin ist, bleibt nur die Annahme einer deutenden Korrektur des in der Vorlage entstellten oder nicht verstandenen Namens. Die um die Mitte des sechsten Jhdts. bereits ziemlich bedeutende Metropole Tours, von der kein Delegierter in den Subskriptionslisten aufscheint — Tournai ist für gewöhnlich bei Synoden nicht vertreten —, bot sich für eine vermeintliche Korrektur an, die um so organischer erscheinen mochte, als die subscriptio direkt vor den hier nicht expressis verbis als solche bezeichneten Metropoliten steht. Einem späteren Interpolator wäre ein derartiges Feingefühl wohl kaum zuzutrauen, abgesehen davon, daß bei der Annahme einer Interpolation die Frage offen bliebe, warum gerade der nicht häufige Name Agrestius interpoliert worden wäre und nicht einer der nicht zuletzt durch die Liste bei Gregor bekannten Bischöfe der Stadt. Trotz der Schwierigkeiten, die nach wie vor einer Zuweisung des Agrestius nach Tournai im Wege stehen, wiegt das Zeugnis Gregors zu schwer[9], als daß Agrestius als Metro-

---

[9] Zu Gregors Quellen siehe W. ARNDT, Praefatio zur Ausgabe in *MGH* script. rer. Merov. 1; MANITIUS, *Geschichte der lat. Literatur des MA* 1, 220 f.

polit von Tours angesetzt werden könnte. In den in Frage stehenden
Jahren war nach seiner Liste die Kathedra von Baudinus (549) bzw.
von Baudinus oder Guntharius (552) besetzt[10].

2. Innere Kriterien

a) Theologische Kriterien

Über die beiden Bischöfe namens Agrestius gibt es keine
weiteren Zeugnisse. Es gilt daher, die literarische Umgebung der
beiden zu ermitteln. Agrestius von Tournai fällt in eine in literarischer Hinsicht, besonders was die Dichtung betrifft, äußerst
unfruchtbare Zeit. Dagegen wird Agrestius von Lucus von Idatius
im Zusammenhang mit den Bischöfen Pastor und Syagrius genannt — der Grund, warum er sich ihrer Wahl widersetzte, ist
nicht mehr zu ermitteln —, die sich beide im Priszillianistenstreit,
der besonders in Galizien und Südgallien ausgetragen wurde, für
die orthodoxe Sache schriftstellerisch betätigten: Pastor wird von
Gennad. vir. ill. 76 als der Verfasser eines mit Namensnennung
gegen Priszillian gerichteten libellus in modum symboli angeführt[11],
den K. Künstle[12], Morin folgend[13] in dem sogenannten Symbol
des Toletanum II vom Jahre 447[14] zu finden meinte. Von Syagrius
berichtet Gennad. vir. ill. 65[15], daß er ein dogmatisches Werk de
fide sowie *septem de fide et regulis fidei libros* verfaßt habe, von
denen er ihm aber einige aus sprachlichen Gründen abspricht,
und die Künstle 142—159 kritisch herausgegeben hat (in der Überlieferung findet sich der Titel regulae definitionum sancti Hieronymi
contra haereticos)[16]. Diese Schriften sind trockene dogmatische
Abhandlungen, zeigen aber trotzdem Berührungspunkte mit den

---

[10] Leclercq, *DACL* 15, 2, 2586 f.

[11] *Pastor episcopus conposuit libellum in modum symboli parvum totam paene
ecclesiasticam credulitatem per sententias continentem, in quo inter ceteras dissen-
siones, quas praetermissis auctorum vocabulis anathematizat, Priscillianos cum ipso
auctoris nomine damnat.*

[12] Antipriscilliana, Freiburg i. Br. 1905, 40 ff. Schon P. B. Gams, *Die Kirchengeschichte von Spanien* 2, 1, Regensburg 1864, 466 f. hatte die bei Gennadius genannten Autoren Pastor und Syagrius mit denen des Idatius zusammengebracht.

[13] Pastor et Syagrius deux écrivains perdus du cinquième siècle, *Rev. Bén.* 10
(1893) 388.

[14] Text bei Künstle 43—45 und Denzinger-Umberg, *Enchiridion symbolorum*[26], 14—16.

[15] Bei Schanz-Hosius 4, 1, 385 fälschlich als 66 zitiert.

[16] Morin a. a. O. 390 ff.

trinitarischen Versen des Agrestiusgedichts (29—32), und zwar: *ingenitus* als Attribut des Vaters — sowohl vom Standpunkt der Symbole (vgl. z. B. das Apostolicum und das Nicaenum: *patrem omnipotentem*) als insbesondere von der formelhaften Dichtersprache des Agrestius her wäre *omnipotens* (vgl. z. B. Verg. Aen. 1, 60) neben pater naheliegend — in Antithese zu filius weist auf die terminologischen Kontroversen zwischen den Priszillianisten und den Orthodoxen hin. Gennadius gibt als den Inhalt der verlorenen antipriszillianistischen Schrift des Syagrius an: *scripsit de fide adversum praesumptuosa haereticorum vocabula, quae ad destruenda vel inmutanda sanctae trinitatis nomina usurpata sunt, dicentium Patrem non debere Patrem dici, ne in Patris nomine filius sonet, sed Ingenitum et Infectum ac Solitarium nuncupandum, ut quicquid extra illum in persona est, extra illum sit in natura, ostendens et Patrem posse quidem dici Ingenitum . . . et ex se genuisse in persona Filium*[17], *non fecisse*. Wenn auch ingenitus oder zumindestens die Betonung der Zeugungstätigkeit als Bestimmung des Vaters ein allgemeines Charakteristikum der als spanisch vermuteten Symbolformeln ist[18], so ist doch die Auseinandersetzung mit dem Wort nirgends so gründlich erfolgt wie in denjenigen der regulae definitionum, die wohl sicher dem Syagrius gehören[19], besonders reg. defin. 7, 148 ff. Künstle (die erste regula beginnt: *omne quod est aut ingenitum est aut genitum aut factum*; die Definition dieser Begriffe wird als das Hauptproblem empfunden). Auffällig ist bei Agrestius 30 auch die Bestimmung des heiligen Geistes durch den Relativsatz unum (Neutrum, siehe den Komm. z. St.) *qui monstrat utrumque*, also die Orientierung auf die Vermittlung der Theologie bezüglich Vater und Sohn (gewöhnlich werden Stellen aus der großen theologischen Abschiedsrede Jesu bei Ioh. 15 f., nach der auch die Agrestiusstelle gebildet zu sein scheint [Ioh. 15, 26; vgl. den Kommentar z. St.], gegen Pneumatomachen zitiert [siehe den Kommentar z. St.; auch Pastor, libell. 43 Künstle verwendet Ioh. 16, 7 in diesem Sinn, ebenso Syagr. reg. defin. 8, 152 Künstle, der sie mit 1 Cor. 2, 11 kombiniert]); eine gewisse sachliche Parallele dazu bietet Syagr. reg. defin. 2, 143 Künstle, wo nach 1 Cor. 8, 6:

---

[17] Zur Gegenüberstellung von ingenitus und filius vgl. Syagr. reg. defin. 8, 151 Künstle: *haec omnia . . . ingenita dicuntur; non enim filii sunt, quia unicus filius est.* Die Betonung des Filius-Titels ist deshalb von Bedeutung, weil Priszillian in seiner Modifizierung des Apostolicum filius von Christus wegläßt (vgl. Künstle 21).

[18] Vgl. die Synopse bei Künstle 50.

[19] Über das Problem der Authentizität vgl. Schanz-Hosius 4, 1, 385.

unus enim deus pater . . . et unus dominus Ihesus Christus als biblische Fundierung des heiligen Geistes 1 Cor 2, 11 bzw.
2, 10 gegeben
wird: *nemo novit, quae sunt hominis, quae sunt in ipso, nisi spiritus,
qui in ipso est; ita et quae in deo sunt, nemo novit, nisi spiritus qui
in ipso est. Et item: spiritus scrutatur alta dei;* 1 Cor. 2, 11 wird aber
von Syagr. reg. defin. 10, 158 KÜNSTLE in Verbindung mit einer
johanneischen Einheitsprädikation von Vater und Sohn (Ioh. 14, 11)
zur biblischen Festigung der Vater-Sohn-Theologie zitiert. Auch in
einer rhetorischen Apostrophierung an ‚den Häretiker‘, einem in der
christlichen polemischen Literatur weit verbreiteten Formelement,
wird als Inhalt der Lehre des Geistes von 1 Cor. 2, 11 die Einsicht
in das ingenitus/genitus-Problem von Syagr. reg. defin. 7, 148
KÜNSTLE angeführt: *non edocti humanae sapientiae verbis, sed docti
spiritu. Redde ergo haeretice, quod docuit spiritus, redde.* Es handelt
sich um die Häretiker (Priszillianisten), die eine falsche Vorstellung
von dem Verhältnis von Vater und Sohn haben (*Fugiunt enim
patris nomen . . . de ingenito et genito desiderant movere quaestiones*),
von der Geisttheologie ist im ganzen Abschnitt nicht die Rede.
Als Einheit des *trinum nomen* nennt Agrestius *maiestas, virtus, substantia,* ferner *honor* und *potestas* (31 f.). Diese Vokabeln sind zwar
sehr verbreitet, treten aber in Symbolformulierungen, die nach
KÜNSTLE mit dem Priszillianismus zu tun haben, jedenfalls dem
spanisch-südgallischen Raum angehören, in besonderer Häufung
auf, z. B. Pastor, libell. 43 KÜNSTLE: *trinitatem . . . substantia
unitam, virtute et potestate et maiestate indivisibilem, indifferentem;*
vgl. den als Toletanum VI vom Jahr 638 überlieferten Symboltext,
den KÜNSTLE 71 einem Theologen des fünften Jhdts. zuweist:
*unius . . . virtutis, potestatis, maiestatis . . . substantia deitatis . . .
patrem ingenitum.* In der Formel ‚Clemens Trinitas‘ (nach KÜNSTLE
65 antipriszillianisch) finden sich folgende zwei Reihen: *una
substantia, una virtus, una potestas* (KÜNSTLE 65) und *nec honoris
confusione nec virtutis potestate* (KÜNSTLE 66). Daneben fällt bei
Agrestius wie bei den spanischen Symbolen das Fehlen von Vokabular aus der subordinatianischen Kontroverse (Arianismus) auf,
das noch den Trinitätshymnus des Prudentius beherrscht (4 f.).
Die Möglichkeit einer Zuweisung der versus an den Bischof von
Lucus muß dem Zeugnis der trinitarischen Verse nach zumindestens
offengehalten werden. Das zweite von der Handschrift gebotene
(äußere) Datum, die Widmung an einen Bischof Avitus, hilft in der
Frage nach der Bestimmung des Autors nur insofern weiter, als
es nicht gegen Agrestius von Lucus spricht. Ein Bischof Avitus

kommt, soweit wir die Sukzession überblicken, nur für Agrestius
von Lucus als Zeitgenosse in Frage: für das Jahr 456 ist nämlich
ein Bischof dieses Namens von Placentia in Italien belegt (GAMS
745), dessen Namensform aber in der Überlieferung zwischen
Avitus und Aricius schwankt. Da die überlieferten Bischofslisten
jedoch bei weitem nicht vollständig sind, können für den konkreten
Fall keine Aussagen gemacht werden. Der Name Avitus deutet
zwar auf Gallien, kommt aber in Spanien ebenfalls vor[20].

Bevor weitere innere Kriterien für eine approximative Datierung des Gedichtes herangezogen werden sollen, sei eine Hypothese
von E. DEKKERS[21] behandelt. Ein auch aus dem Briefkorpus des
Sidonius Apollinaris[22] bekannter Bischof von Sens (Senones) aus
der zweiten Hälfte des fünften Jhdts. namens Agroecius ist der
Verfasser einer als Ergänzung des Flavius Caper gedachten, Eucherius von Lyon gewidmeten Orthographie bzw. Synonymik[23].
DEKKERS erwägt nun eine Identifikation des Verfassers der versus
mit dem Bischof und Grammatiker (der genannte Avitus müßte
dann wohl Alcimus Ecdicius Avitus von Vienne sein). So plausibel
diese Hypothese vom Standpunkt der nach inneren Kriterien,
besonders der Topik des Prooemiums (s. S. 53 ff.)[24], zu gewinnenden
Chronologie aus wäre, muß sie dennoch zurückgewiesen werden:
der Name Agroecius erscheint in der Überlieferung, nicht nur für
den Bischof von Sens, in den orthographischen Varianten Agricius,
Agrycius, Agraetius, also weder mit e (sondern Schließung des

---

[20] Vgl. K. F. STROHEKER, *Der senatorische Adel im spätantiken Gallien*, Tübingen 1948, 152—155, und O. v. SEECK, *RE* 2, 2, Sp. 2395—2397; A. JÜLICHER,
a. a. O. Sp. 2398 (über den Spanier Avitus von Bracara).

[21] Clav. Patr. Lat. Nr. 1463 a (*Sacr. Erud.* 3, 1961²).

[22] Ep. 7, 5 (*MGH* auct. ant. 8, 107 f. LUETJOHANN) ist an ihn gerichtet.

[23] Gramm. Lat. 7, 113—125 KEIL. Vgl. SCHANZ-HOSIUS 4, 2, 206 f.

[24] Agroecius wendet sich an Eucherius, indem er dessen Bischofsamt auf die
Bildungsebene überträgt (briefspezifisches Lehrer-Schüler-Verhältnis: siehe S. 15 ff.):
*ut, qui nos in huius vitae actibus corrigere vis, etiam in scribendi studiis emendares.
nihil ergo quod in nobis est alienum a castigatione tua credis: omnia nostra, et quae
dictu parva sunt, sollicita indage rimaris, a vivendo ad scribendum, ab animo ad manum,
a corde ad articulum pervenis. hoc est vere summum dei sacerdotem esse, commissos sibi
homines, ut ipsi dicitis, et secundum spiritum imbuere et secundum litteram perdocere*
(Gramm. Lat. 7, 113, 2 ff.): biblizistische Fundierung mit 2 Cor. 3, 6; ein ähnliches,
zweigeteiltes Adressatenlob spendet z. B. der Chrysostomusübersetzer Anianus
dem Bischof Orontius (ep. 1 ed. A. PRIMMER, *Festschrift W. Kraus*, Wien 1972 [Wr.
Stud. Beih. 5]): *piissimi patris affectum et sapientissimi artem magistri in me pariter
exerces.* Vgl. Ven. Fort. carm. 3, 19, 7 (71 Leo): *corde parens ... bonus ore magister*
(an Bischof Agricola).

Diphthongs zu i oder umgekehrte Schreibung nach dem Typus
caelum/coelum) noch mit einem s (die assibilierte Aussprache des
Gutturals wird nie mit st, der umgekehrten Schreibung für z,
wiedergegeben), während in sämtlichen orthographischen Varianten
des Namens Agrestius das e und das s erhalten bleiben (Agrescius,
Agressius). Für den Verfasser der Versus ist die Namensform Agrestius aber sowohl im Titel (capitalis rustica) als auch in Vers 3
des Gedichts (Visigothica) gesichert. Vorschnell übernimmt
W. SPEYER[25] DEKKERS' Vermutung als Tatsache und gibt als Namensform des Autors Agroecius (Agricius, Agrestius) an, was durch
die Überlieferung aber in keiner Weise gedeckt ist.

b) Literarsoziologische Kriterien

Nun zu weiteren inneren Kriterien für eine örtliche und zeitliche Zuweisung des Fragments: Die Sprache der hexametrischen
Dichtung ist in der lateinischen Spätantike durchwegs mehr oder
weniger von Vergil und Ovid geprägt (über die Formelhaftigkeit
des Agrestius siehe im folgenden), Kontaminationen mit lexikalischen und stilistischen Auswirkungen sind für sie charakteri-
stisch, lokale Differenzierungen dagegen sind schon in der volks-
sprachlichen Prosa[26] sehr schwierig festzustellen, was für die Dichtung der Gebildeten natürlich in noch höherem Maße gilt. Wenn
regionale Unterschiede konstatiert werden dürfen, so bestenfalls
der besonders ausgeprägte Manierismus mancher afrikanischer
Dichtungen (z. B. Dracont. laud. 1, 118 ff. CORSARO, carm. ad
Flav. Fel. 1 ff.), doch geht schließlich die Überlieferung sämtlicher
Dichter über Europa, was eine literarische Beziehung mit der in
Europa entstandenen Dichtung wahrscheinlich macht. Wie irre-
führend es ist, in Dichtungen lokale Unterschiede zu statuieren oder
gar den ‚Nationalcharakter' des Dichters für bestimmte stilistische
Erscheinungen verantwortlich zu machen, hat K. THRAEDE[27] mit
aller Deutlichkeit gezeigt. Ein methodisch interessantes Beispiel
dafür ist bei Agrestius das erste Hemistich von Vers 4: *excelsi
domini famulus. Ex]celsum dominum* begegnet auf einer metrischen
Inschrift aus Cordoba, im MA steht *excelsi domini* als Versanfang
in einem Gedicht des Albarus von Cordoba. Dazu kommt, daß nach
DIEHLS der Gebrauch von *famulus* anstelle von *servus* für den

---

[25] Art. Gallia II, *RAC*, Lieferung 62 (1971) 956 f.
[26] Vgl. E. LÖFSTEDT, *Late Latin*, Oslo 1959, 39 ff.
[27] Studien zu Sprache und Stil des Prudentius, *Hypomnemata* 13 (1965) 7 ff.

spanisch-gallischen Raum typisch ist (die betreffenden Zitate finden
sich im Kommentar zu Vers 2). Trotzdem wäre daraus der Schluß
auf einen spanischen Ursprung unseres Gedichtes noch nicht erlaubt, da der Hexameterkopf *praecelsis dominis* auch bei dem
Italo-Gallier Venantius Fortunatus bzw. die Wortfolge —∪∪—
domini famulus bei Dracontius aus Karthago vorkommen, wogegen
excelsi domini bei Albarus von *serbi* abhängt. So bleiben die Motiv-
forschung und die Formgeschichte ein philologisch freilich für die
Bestimmung äußerer Daten ziemlich ungenaues Mittel, die versus
einer bestimmten literarischen Mode und damit einem bestimmten
literarischen Kreis örtlich und zeitlich zuzuweisen. Als eine für
typische Motive anfällige Stelle im Literaturwerk hat E. R. Curtius[28] u. a. das Exordium erkannt. Die an diese Stelle gehörenden
Topoi haben ihre Geschichte, und es ist somit methodisch zulässig,
auf Grund des Entwicklungsstadiums einer Metapher, die zu einem
bestimmten Topos gehört, eine approximative chronologische Zuweisung des in Frage stehenden Textes zu wagen. Wenn man das
Prooemium des Agrestiusgedichtes in dieser Hinsicht untersucht,
läßt sich folgender Befund erstellen: das Gedicht wendet sich in
einem ziemlich langen Prooemium an Avitus (5—24), in dem die
Metapher der geistigen Befruchtung breit ausgeführt wird. Diese
Metapher ist alt (siehe S. 53 ff.) und hat schon in der vorchristlichen
Literatur Eingang in die Epistolographie gefunden (Fronto, Symmachus), ein Genus, zu dem die versus zunächst ihrer Motivierung
nach gehören, und zwar als Kompliment an den Briefempfänger,
der die Funktion des iudex in litteris zugewiesen bekommt, die als
höchste geistige Qualifikation galt, was letztlich auf die hellenisti-
sche Wertschätzung des κριτικός zurückzuführen ist, oder als
Bescheidenheitsäußerung des Briefschreibers, meist in Verbindung
mit dem briefspezifischen Lehrer-Schüler-Verhältnis (Stellen S. 54 ff.).
Der Topos hat seinen ‚Sitz im Leben‘ in der Sitte der literarisch
gebildeten Oberschicht, die eigenen literarischen Produkte einem
anderen, der mitunter wohl nur aus brieflicher Höflichkeit als
‚Lehrer‘ erscheint, zur Begutachtung zu übersenden. Dies scheint
in der literarisch affektierten frühen Kaiserzeit aufgekommen zu
sein (angedeutet schon Cat. 1, 4, wo Nepos Züge eines literarischen
Beurteilers erhält, womit Catull die Widmung motiviert): Martial.
1, 117 bezieht sich darauf, ein Gedicht, demzufolge ein gewisser

---

[28] *Europäische Literatur und lateinisches Mittelalter*, Bern-München 1969[7],
95 – 99.

Lupercus die Epigramme des Dichters nicht kaufen, sondern zur
Begutachtung übersandt haben will (Martial nützt diesen usus zum
Zweck der persiflierenden Eigenreklame aus); weitere Zeugnisse
sind Plin. ep. 2, 5, 1 ff. (an Lupercus) und 8, 7, 1 (an Tacitus), wo
auch das Lehrer-Schüler-Verhältnis zum Tragen kommt. Symmachus, der ja die Tradition des Plinius fortsetzt[29], beklagt sich bei
Ausonius, daß er noch immer kein Exemplar der Mosella erhalten
habe (ep. 1, 14, 2). Daß Briefe als Dokumentation des Bildungs-
fortschritts gelten konnten (Lehrer-Schüler-Verhältnis), geht ganz
deutlich z. B. aus Symm. ep. 7, 6 bzw. 11 hervor (Symmachus
freut sich über die Briefe des Sohnes, die einen *profectus ingenii*
zeigen; vgl. ep. 7, 58: Symmachus schickt zwei oratiunculae an
Felix und Minervinus sowie an einen anonymen Adressaten zur
Begutachtung). Rhetorische Anwendung findet ein literarisches
Kompliment für erhaltene Briefe ep. 9, 87. Ambrosius pflegte dem
Sabinus, wahrscheinlich Bischof von Placentia, seine Werke zu
übersenden, angeblich, um die Exaktheit der dogmatisch bedeu-
tungsvollen Termini überprüfen zu lassen (ep. 22 [48 Maur.], 1
[CSEL 82, 226 FALLER]), doch wird man anders als SCHANZ-HOSIUS
4, 1, 319 auf dieses briefliche Kompliment nicht zu großen histori-
schen Wert legen dürfen. Augustinus schickte sein Erstlingswerk de
pulchro et apto an den in Rom tätigen Rhetor Hierius (Conf. 4, 14,
21), das dritte Gedicht des Paulinus von Nola besteht aus zwei
Fragmenten einer Versifizierung eines Teils von Suetons de regibus,
die er dem Ausonius übersandt hatte, und Dracontius läßt höchstwahrscheinlich die ersten Stücke der Gedichtsammlung Romulea
(Rom. 1—4) als Schüler (so der Titel von Rom. 1) dem Grammatiker Felicianus zukommen. Als Ausdruck dieser Gepflogenheit dient
das Klischee von der geistigen Befruchtung bzw. dem Lehrer-
Schüler-Verhältnis besonders häufig in der Zeit zwischen Sidonius
Apollinaris und Ennodius, also in den Jahrzehnten vor und nach
der Wende vom 5. zum 6. Jhdt.[30], u. zw. auch in der mittels des
biblischen Unkrautgleichnisses wie bei Agrestius spiritualisierten
Form: was früher die Rhetorik war (rhetorischer Unterricht sollte
Frucht tragen), ist jetzt die Orthodoxie. Die Annahme rhetorischer

---

[29] K. THRAEDE, Sprachlich-Stilistisches zu Briefen des Symmachus, *Rhein.
Mus.* 111 (1968) 261, A. 1 in teilweiser Weiterführung der Ergebnisse der Unter-
suchung von A. CAMERON, The Fate of Pliny's Letters in the Late Empire, *Class.
Quart.* 59 (1965) 289—298.

[30] Stellen sind im allgemeinen Kommentar zu 5—24 gegeben.

Unterweisung durch den Schüler wird durch die Annahme der fides des ‚Lehrers' ersetzt, wie z. B. schon bei Paul. Nol. ep. 8, 1 ff. (Exegese von Prov. 1, 8: *audi fili mi disciplinam patris tui*; vgl. Reg. Ben. prol. 1): *audi ergo, fili, legem patris tui id est fidem Augustini.* Als Beispiel für das briefliche Lehrer-Schüler-Verhältnis mit dem verkirchlichten Topos der geistigen Fruchtbarkeit sei hier nur auf Ennod. ep. 5, 14, 2 (MGH auct. ant. 7, 183 VOGEL) verwiesen. Näheres siehe S. 55. Dazu kommt die Neigung auch der kleineren gallischen Epistolographen des späten fünften Jhdts., die KRUSCH, MGH auct. ant. 8, 265 ff. im Anschluß an Sidonius herausgegeben hat, die Briefköpfe möglichst aufzublähen, ein Zug, der sich bei Agrestius in den Versen 1—4 beobachten läßt, wo zu *illustri meritis* (Grundtyp) einerseits die Berühmtheit durch die personifizierte Fama (1: der Vers hat einige parallele Elemente in der literarischen Epistolographie: siehe S. 49 f.) hinzutritt, ein Klischee, das Ruricius zweimal mit demselben Wortlaut verwendet (ep. 1, 1, 1 und 1, 16, 1: siehe S. 50), andererseits *meritis* einen qualitativen Genitiv erhält, *venerandae laudis*, wozu Sidon. Apoll. ep. 8, 14, 1 zu vergleichen ist (auch dieser Typ setzt sich bei Venantius Fortunatus fort wie auch Elemente aus Vers 1). In dieser schulmäßigen und konventionellen Epistolographie ist auch die Versepistel mit metrischer, drei Verse umfassender intitulatio, also ein Gegenstück zu den Agrestiusversen, zu finden, wie überhaupt der briefliche Austausch von Gedichten zu der oben skizzierten literarischen Gewohnheit jener Zeit gehörte[31]: Ruricius schickt ein vierundzwanzig Phaläzeen umfassendes Schreiben zur literarischen Beurteilung an Sedatus (ep. 2, 19 [MGH auct. ant. 8, 328 f. KRUSCH = CSEL 21, 403 f. ENGELBRECHT = Anthol. Lat. 1, 2, 947 BÜCHE-

---

[31] Ein gutes Beispiel ist Sidon. Apoll. ep. 2, 10, 1 (33 LUETJOHANN): Sidonius freut sich, daß seine ‚studia' bei dem literarisch interessierten Hesperius geistige Früchte getragen haben und schickt ihm auf seine Bitten hin Verse, oder carm. 23 (250—264 LUETJOHANN), das auf die — beredt vorgetragene — Bitte des Consentius hin (10 f.: *nam cum carmina postules diserte/suades scribere, sed facis tacere* [Adressatenlob]) entstanden ist und ihm übersandt wird (dabei steht in 1: *pro meritis* in Anlehnung an Brieftitulatur; siehe S. 50 f.). Im Proömium (20—31) nimmt Sidonius auf das ihm von Hesperius übersandte Gedicht mit folgenden Komplimenten Bezug: *misisti mihi multiplex poema,/doctum, nobile, forte, delicatum./ ibant hexametri superbientes/et vestigia iuncta, sed minora,/per quinos elegi pedes ferebant;/misisti et, triplicis metrum trochaei/spondeo comitante dactyloque,/dulces hendecasyllabos, tuumque/blando faenore Sollium ligasti./usuram petimurque reddimusque;/nam quod carmine pro tuo rependo,/hoc centesima laudium tuarum est* (briefspezifischer Zinstopos).

LER-RIESE]). Die Versepistel in Phaläzeen hat eine bis auf Cat. 13
(Einladungsbillett an Fabullus) zurückreichende literarische Tradition. Zur versifizierten intitulatio ist das enkomiastische Gedicht
des Galliers Auspicius von Toul an den comes Arbogast in akzentu-
ierenden jambischen Dimetern (PL 61, 1005 D) zu vergleichen. Die
Versepistel ist natürlich nicht auf Gallien beschränkt — so schreibt
z. B. der Augustinusschüler Licentius seinem Lehrer in Hexametern,
aus denen Augustinus zitiert, und die als Appendix zu Aug. ep. 26
überliefert sind, doch hat das Gedicht keinen versifizierten Briefkopf.

c) Stilistische Kriterien

Die Art der Verwendung der klassischen Dichter scheint ebenfalls auf eine spätere Epoche (Mitte des fünften Jhdts.) zu weisen:
das Stadium der ‚Kontrastimitation' ist überwunden[32], die einzigen
wirklich selbständigen imitationes — zum Unterschied von der
stark formelhaften Sprache, in der die Georgica eine besondere
Rolle spielen, und zwar nicht nur im Prooemium — scheinen erstens
in 15 f. die Worte ... ne ... frugibus herbae/obficiant nach Verg.
Georg. 1, 69: officiant ... ne frugibus herbae zu sein, wobei es sich
offenbar um einen geläufigen Vergilvers handelt, dessen Klausel —
aber eben ohne officiant und nicht in einem negativen Finalsatz —
auch bei Ovid und Corippus aufscheint (Stellen siehe S. 69). Die
imitatio beschränkt sich also, ähnlich wie in 19: rastris gravibus,
das ebenfalls letzten Endes auf Verg. Georg. 1, 496 zurückgeht,
auf das rein Sprachliche, ohne sich mit dem Inhalt der Vergilstelle auseinanderzusetzen. Es war lediglich das Thema ‚Landwirtschaft', das Agrestius gerade einen Georgicavers imitieren ließ.
Die zweite selbständige Verarbeitung eines vergilianischen Ausdrucks (Georg. 2, 46) dürfte in Vers 25: longa exorsa vorliegen.
Auch hier ist die Funktion (rhetorischer Übergangstopos) dieselbe
wie bei Vergil. Eine weitere wörtliche Übernahme in Vers 40:
stellis numeros et nomina fecit nach Verg. Georg. 1, 137 setzt der
Funktion nach, in der sie bei Agrestius erscheint, die christliche
Genesisdichtung, zumindestens Cento Prob. 71 voraus: die Beziehung zum ‚klassischen Vorbild' ist hier nicht unmittelbar,
sondern steht in einer intern christlichen Tradition[33]. Den Schluß,

---

[32] Als Gesichtspunkt für eine Periodisierung der christlichen Dichtung herangezogen von K. THRAEDE, Art. Arator, JbAC 4 (1961) 194.

[33] Wie sehr man auf die Vermittlung von Klassikerstellen durch patristische
Autoren achten muß, wurde erst jüngst von J. W. SMIT, Studies on the Language and
Style of Columba the Younger, Amsterdam 1971, 172 ff. gezeigt.

daß Agrestius hier nicht originell ist, legen die Prämissen, daß der um die Mitte des vierten Jhdts. entstandene Cento der Proba sicher älter ist als die versus, und daß Agrestius sich auch sonst in nach Möglichkeit schon vorgegebenen Idiomen bewegt (vgl. den Kommentar zu 7: *tenerum . . . fetus*, zu 42: *piscibus aequor*, zu 47: *rudis accola mundi*) nahe. Ein weiterer Reflex der christlichen Dichtung bei Agrestius scheint die Übernahme der wahrscheinlich von Cyprianus poeta erfundenen (siehe S. 64) Klausel *germine (-a) fetus* in Vers 7 zu sein. Cyprianus poeta dürfte aber gerade in Gallien als Musterparaphrase in der Schule gelesen worden sein[34], wie die Nachwirkung bei Claudius Marius Victorius aus Marseille zeigen dürfte. Daß Agrestius auch diesen kennt, geht aus Vers 47 hervor (siehe im Kommentar z. St.). Zum Unterschied von den früheren christlich-lateinischen Dichtern kennt Agrestius Iuvencus, wodurch er auf eine Stufe mit Sedulius rückt[35]. Das zeigt sich an folgenden an denselben Versstellen nur bei Iuvencus belegten Wendungen (die Iuvencusstellen sind im Testimonienapparat und im Kommentar angegeben): 20: *iam libera*; 26: *cordis secreta*; 40: *praecipit et*. Von den übrigen christlichen Dichtern ist nur noch Orientius in Form einer wörtlichen Reminiszenz, und das ist nicht ganz sicher, in Vers 17 vertreten (siehe den Kommentar z. St.). Für die Datierung der Agrestiusverse bieten also die mit einiger Wahrscheinlichkeit dem Autor bekannten christlichen Dichter Proba, Iuvencus, Cyprianus poeta, Marius Victorius und Orientius nur einen terminus post quem, die Mitte des fünften Jhdts., ein Befund, der zu der erwogenen Zuweisung zeitlich paßt (die meisten in der Toposvergleichung S. 54 ff. herangezogenen Stellen liegen zwar einige Jahrzehnte später, doch wiegt dies nicht zu schwer, da die Topoi in ihrer christlichen Ausprägung schon bei Paulinus von Nola vorliegen: siehe den Kommentar zu 5—24). Ein über das Sprachliche hinaus in den Bereich der Kompositionstechnik vorstoßender Vergleich mit der lateinischen christlichen Poesie kann zu den Versen 33 bis 49 angestellt werden, in denen in Ausweitung des Schöpfungsartikels der zugrunde liegenden confessio fidei (siehe S. 74 f.) zu dekorativen Zwecken das Schöpfungswerk Gottes vorgeführt wird. Die Tradition der lateinischen Genesisdichtungen reicht bis

---

[34] Vgl. BARDENHEWER 3, 433 f.; R. PEIPER, *CSEL* 23, XXV zu Claudius Marius Victorius; L. KRESTAN, Art. Cyprianus III, *RAC* 3, 480 (über die Nachwirkung des Cyprianus poeta).
[35] THRAEDE, Studien 27.

auf Cyprianus poeta zurück[36]. Stellt man die Art der Stoffbehandlung durch Agrestius neben die Genesisdichtungen, so zeigt es sich,
daß er eher dem durch Hilarius repräsentierten moderneren Typ
zuneigt[37]. Agrestius teilt nämlich das Hexameron in die Elementarschöpfung (33—37: creatio ex nihilo der exordia rerum; wenn auch
in diesem Teil konkrete Dinge wie Menschen genannt werden, so
unter dem Aspekt ihrer Materialität: das geht deutlich aus Vers 36
hervor) und die Erschaffung der konkreten Gegenstände, beginnend mit den Pflanzen des dritten Schöpfungstages. Hilarius,
der übrigens dem Genesisbericht eine metrische Widmung an Papst
Leo d. Gr. voranstellt, also wie später Arator von dem Schema der
prosaischen Geleitepistel vor dem Dichtwerk (Sedulius, Paulinus
von Perigueux, Alcimus Avitus) abgeht und dadurch in eine gewisse
Nähe zu Agrestius tritt, hebt ebenfalls die Schöpfung der Elemente
von der der konkreten Gegenstände ab (40—64 bzw. 65 ff.). Bei den
Berichten, die Agrestius über die Erschaffung des Menschen gibt,
zeigen sich im Elementarteil (36) der Einfluß der durch Hieronymus
im Westen verbreiteten Etymologien der biblischen Namen, die
vor allen wieder Cyprianus poeta relativ häufig in seine Dichtung
aufnimmt[38] (Näheres darüber siehe S. 83), im zweiten Teil vielleicht Spuren einer besonders in Augustins Frühschriften, aber auch
bei Prudentius begegnenden platonisierenden Psychologie (Vers 46,
siehe S. 91), derzufolge die Seele des Menschen vor dem Körper
geschaffen wurde, was aber zu schwach ist, um daraus Rückschlüsse
auf etwaige antipelagianische Tendenzen des Agrestiusgedichts zu
ziehen und daraus wieder auf eine Datierung zu schließen, da es sich
auch vorwiegend um eine unter dem Einfluß der durch Augustinus

---

[36] Genesisdichtungen aus dem Altertum sind erhalten von Proba, Marius
Victorius, Cyprianus poeta, Hilarius, Dracontius, Alcimus Avitus.

[37] K. THRAEDE, Art. Epos, *RAC* 5, 1026 ff. versucht eine etwas künstliche
Einteilung, an der korrigiert werden muß, daß Hilarius nicht eine Vorstufe zu Marius
Victorius (‚rhetorisch-didaktische Paraphrase') ist, da er viel freier konzipiert als der
nach der Meinung der Handbücher so bibelungebundene Victorius, dessen Freiheit
sich in Wahrheit auf die exornatio beschränkt, während er sich in der Komposition
sklavisch an den Bibelbericht hält. Hilarius steht der erstaunlich frei und geschickt
komponierenden Proba in mancher Hinsicht näher als den Dichtungen des Cyprianus poeta und des Victorius. Die Begründung dieser Ausführungen wird in den Kongreßakten des 6. internationalen Patristikkongresses (Oxford 1971) in dem Artikel
Lateinische Umdichtungen des biblischen Schöpfungsberichtes gegeben werden.

[38] Dies ein weiteres Argument für eine Beziehung zwischen Hieronymus und
Cyprianus poeta neben den von H. BREWER, Über den Heptateuchdichter Cyprian
und die Caena Cypriani, *ZKTh* 28 (1904) 92—115 angeführten.

zu einer gewissen Aktualität gelangten Psychologie pointierte Dar-
stellungsweise der älteren Auffassung von der Schöpfung des Menschen als der Verbindung zweier Elemente handeln kann. Immerhin
dürfte eine bewußt gesetzte und nicht aus der poetischen Technik
des Agrestius erklärbare Formulierung vorliegen, da in dem ganzen
ersten Halbvers von 46 das sinntragende *solito* als einziges Wort
wirklich dem Agrestius zu gehören scheint (der Versanfang ist ab
dem fünften Jhdt. belegt), und davon ausgehend das dualistisch ver-
standene Theologumenon vom internus homo als dem eigentlichen
Menschen abgeleitet wird (47), dessen Schöpfung dem des körperlichen vorangeht. — Trotz der schon im vorigen angedeuteten
Beziehungen zu Venantius Fortunatus besonders im Briefkopf muß
das Gedicht vor dessen Zeit angesetzt werden (die Ähnlichkeiten im
Briefkopf dürften darauf zurückzuführen sein, daß Agrestius wie
Venantius mit Elementen epigraphischer Gedichte arbeitet), da
sich bei ihm zwar die Metapher von der geistigen Fruchtbarkeit
mitunter noch findet (z. B. vita Albini 7; carm. 3, 19 [70 f. Leo;
hier wohl hauptsächlich wegen des Namens des Adressaten, Agri-
cola]), jedoch unabhängig von der Sitte des postalischen Aus-
tausches literarischer Werke unter den Gebildeten, an die sie im
Gallien des fünften Jhdts. so eng gebunden war, zum Zweck der
gegenseitigen Begutachtung oder im brieflichen Lehrer-Schüler-
Verhältnis, sondern als bloße Bescheidenheitsäußerung in der
Praefatio. Das allgemeine Absinken der Bildung und die gesellschaftlichen Veränderungen im Merowingerreich[39] haben diese
epigonenhafte Sitte zurückgedrängt (aus Ven. Fort. wäre nur carm.
3, 18 [70 Leo] zu nennen), rhetorische Bildung, Christentum und
vornehme Abkunft waren nicht mehr die Garanten für das Gedeihen
mittelmäßiger bis guter literarischer Erzeugnisse, wie sie im Eucha-
ristikos des Paulinus von Pella ebenso entgegentreten wie in den
Agrestiusversen. — Wenn sich somit von der Stilistik her das fünfte

---

[39] Keiner der von Venantius Fortunatus gerühmten fränkischen Notablen
zeigt selbst literarische Ambitionen — daher hat die Dichtung des Fortunatus eine
gänzlich andere Funktion als die der gallorömischen Adeligen; dazu noch immer
lesenswert W. MEYER, Der Gelegenheitsdichter Venantius Fortunatus, *Abh. Gött.
Ges. Wiss., phil.-hist. Kl.*, N. F. 4, 5 (1901), jetzt in dem Sammelband Mittellatei-
nische Dichtung, Wege der Forschung 149 (Darmstadt 1969) 57—90. Wie sehr das
Dichten in der Spätantike als Standespflicht empfunden wurde, zeigt mit aller
Deutlichkeit Symm. ep. 1, 8 (*MGH* auct. ant. 6, 1, 7 SEECK), der im Anschluß an ein
Gedicht, das er seinem Vater schickte, schreibt: *nihil moror hanc litteraturam: loci
potius quam ingenii mei munus exercui.*

Jhdt. als Entstehungszeit und der Einflußbereich der gallischen
Kultur als der Kulturraum, aus dem das Gedicht stammen könnte,
wahrscheinlich machen lassen, ist es denkbar, daß der Dichter —
wenn es sich um Agrestius von Lucus handelt — südgallischer
oder aquitanischer Herkunft war, der die in Spanien unübliche
Form des Versbriefes den kulturellen und gesellschaftlichen Bedingungen seiner Heimat verdankte, in der Wahl des Themas aber
von dem Schrifttum der spanischen Umwelt bestimmt war [40].

II. Das Gedicht

1. Das literarische Genus

Das Gedicht selbst ist eine didaktische Epistel mit intitulatio (1—4), prooemium (5—28), das sich in eine Wendung an den
Briefempfänger (5—27$_2$) und eine fingierte an die Öffentlichkeit
(27$_3$—28: Fiktion der confessio fidei vor der Gemeinde) teilt, und
narratio mit hymnischen Formelementen (29—49). Versepisteln
erfreuten sich in der lateinischen Literatur größerer Beliebtheit
als in der griechischen (z. B. die [didaktischen] Literaturbriefe des
Horaz, Ovids Heroides) [41] und waren in der Spätantike ein oft
angewendetes Mittel, Bildung zu dokumentieren: einige Stellen
sind schon S. 16 genannt, zu weiteren siehe S. 54 f. (in diesem Zusammenhang ist die Versepistel [mit Brieftopos praesens/absens]
des Parthenius, ein Antwortschreiben an den Vandalen Sigesteus [42],
zu nennen). Beispiele teils aus etwas früherer Zeit, die aber unter
denselben kultursoziologischen Bedingungen entstanden wie das
Agrestiusgedicht, sind die poetischen Briefe des Paulinus von Nola
an Ausonius (z. B. carm. 10), des Augustinusschülers Licentius (siehe
S. 18) und die aus Prosa und Versen gemischten Briefe (z. B. Paul.

---

[40] Mit Galliern auf spanischen Bischofssitzen kann gerechnet werden: auch
der Name Syagrius weist nach GAMS, *Kirchengeschichte* 2, 1, 466 auf Gallien.

[41] Vgl. W. KROLL, *Studien zum Verständnis der römischen Literatur*, Stuttgart
1924, 200 f. (Neudruck Darmstadt 1964). Sehr überblicksmäßig ist J. SCHNEIDER,
Art. Brief, *RAC* 2, 580—584 (über die christliche lateinische Epistolographie) und
572 (über römische poetische Briefe: unselbständig nach J. SYKUTRIS, *RE* Suppl. 5,
207 f.). Im griechischen Bereich ist Gregor von Nazianz der einzige Vertreter der
poetischen Epistel: vgl. R. KEYDELL, Die literarhistorische Stellung der Gedichte
Gregors von Nazianz, *Atti dello VIII° Congr. internaz. di studi Bizantini*, Palermo
1951 (Rom 1953), 140.

[42] Ed. A. REIFFERSCHEIDT, *Anecdota Casinensia*, Breslau 1871, 4.

Nol. ep. 8 [an Licentius]), wie sie sich bei dem Afrikaner Audax
(Aug. ep. 260) und bei Sidonius Apollinaris wiederfinden (z. B. ep.
2, 10). Die Künstlichkeit dieser Gepflogenheit geht daraus hervor,
daß man innerhalb des Versbriefes selbst die Metra mischte (z. B.
Auson. ep. 4 [MGH auct. ant. 5, 2, 159 ff. Schenkl]; 7 [164 f.
Schenkl]; Paul. Nol. carm. 21; carm. append. 1 [Prosper?]; Ennod.
carm. 1, 7 [MGH auct. ant. 7, 27 ff. Vogel]; auch das Gedicht des
Hesperius, das Sidon. Apoll. ep. 2, 10 rühmt, scheint diese Form
gehabt zu haben [auszitiert Anm. 31]), also kein Gefühl für das
Ethos eines bestimmten Verses hatte.

In etwas anderer Tradition stehen die an ein selbständiges
Gedicht gebundenen metrischen Dedikationsepisteln (hieher gehört
auch das nach M. Manitius, Geschichte der christlich-lateinischen
Poesie, Stuttgart 1891, 314, als Geleitschreiben an Damasus ver-
faßte carm. in psalt. Davidis des Hieronymus [PL 13, 375] und das
Gedicht des Rufius Asterius an Papst Gelasius I zur Seduliusaus-
gabe [Anthol. Lat. 1, 2, 491, 48 Bücheler-Riese; Huemer, CSEL
10, 307]), z. B. Claudian. rapt. Pros. ep. ad Florentinum und Arator,
ep. ad Vigilium, ep. ad Florianum. Darstellungen christlicher Stoffe
als Lehrgedichte sind im lateinischen Bereich ebenfalls ziemlich
zahlreich anzutreffen. In diesem Zusammenhang sind zu nennen:
die Gedichte Commodians[43], die Versus Cypriani ad senatorem ex
Christiana religione ad idolorum servitutem conversum, ein Lehrgedicht von 85 Hexametern mit polemischen Zügen[44], das pseudo-
tertullianische carmen adversus Marcionitas[45], das Gedicht de
cruce[46], die zwei pseudoambrosianischen Gedichte de ternarii

[43] Da die Geschichte des christlichen Lehrgedichts noch nicht geschrieben ist,
seien hier kurz einige Vertreter dieser Gattung mit den wichtigsten allgemeinen
Literaturhinweisen genannt. Zu Commodian: ed. J. Martin, CC 128; L. Krestan,
Art. Commodianus, RAC 3, 248—252; Altaner-Stuiber 181 f.; Clavis 1470 f.
Zur Frühdatierung: K. Thraede, Beiträge zur Datierung Commodians, JbAC 2
(1959) 90—111. Zu den wichtigsten Vertretern vgl. auch Thraede, Epos 1014—1022.
[44] Ed. W. v. Hartel, CSEL 3, 3 (Cyprianappendix); Bücheler-Riese,
Anthol. Lat. 1, 2, 689b; M. Manitius, Geschichte der christlich-lateinischen Poesie,
Stuttgart 1891, 130—133; Schanz-Hosius 4, 1, 222 f.; Bardenhewer 3, 568 f.;
Clavis 1432; jetzt R. Klein, Symmachus, Darmstadt 1971 (Impulse der Forschung 2) 55 f.
[45] Ed. R. Willems, CC 2, 1417—1454; Manitius 148—156; Schanz-Hosius
4, 1, 223—226; Bardenhewer 2, 432—435; Altaner-Stuiber 410 f.; Clavis 36.
[46] De cruce = Ps. Cypr. de Pascha ed. W. v. Hartel, CSEL 3, 3 (Cyprianappendix) = Victorinus, de ligno vitae; Manitius 116 ff.; Schanz-Hosius 4, 1, 159;
Bardenhewer 3, 467; Clavis 1458.

numeri excellentia[47] und de naturis rerum[48], das schon im Titel
an die den Lateinern durch Lukrez übermittelte Titelform natur-
philosophischer didaktischer Poesie bewußt anschließt, ein Gedicht
eines Victorinus mit dem Titel de Iesu Christo deo et homine, ein
christologisches Lehrgedicht[49], die beiden großen christologischen
bzw. soteriologischen Lehrgedichte des Prudentius, Apotheosis und
Hamartigenia[50], das Hilariusgedicht de evangelio[51], ein enkomiasti-
sches Gedicht mit didaktischem Einschlag (Inkarnation, Typolo-
gien), und das schon erwähnte Gedicht Genesis[52], ferner das unter
dem Namen des Prosper von Aquitanien überlieferte carmen de
providentia divina[53], Prospers antipelagianisches carmen de ingratis
(περὶ ἀχαρίστων) selbst[54], sowie die als Gegenstück zu Lukrez gedachte

[47] Ed. E. Dümmler, MGH ep. 4, 213 (Alkuin ep. 137) = PL 125, 821 f. (Hink-
mar von Reims); Schanz-Hosius 4, 1, 233.

[48] Ed. J. B. Pitra, Anal. Sacr. et Class. 1, Paris 1888, 121; Schanz-Hosius
4, 1, 233; Clavis 175.

[49] Ed. G. Fabricius, Poetarum veterum eccl. opera christ., Basel 1564, 761;
Manitius 115 f.; Schanz-Hosius 4, 1, 159; Clavis 1459.

[50] Ed. J. Bergman, CSEL 61 bzw. M. Lavarenne, Bd. 2, Paris 1961². Die
neue Ausgabe von M. P. Cunningham, CC 126 ist nicht zu gebrauchen. Manitius
67 ff.; Schanz-Hosius 4, 1, 244—246; Bardenhewer 3, 448—450; Altaner-Stuiber 407 f.; Clavis 1439—1440. Der Titel Apotheosis bezieht sich entgegen den Hand-
büchern auf die nur durch die orthodoxe Soteriologie garantierte Vergöttlichung
des Menschen: vgl. Ch. Gnilka, Notizen zu Prudentius, Rhein. Mus. 109 (1966)
92 ff. Von Gnilka nicht berücksichtigt ist die ähnliche Gestaltung der Schluß-
passage in dem antihäretischen Werk des Hippolytos (Philos. 10, 34, 3 [GCS 26,
293 Wendland]), wo expressis verbis die Umwandlung der menschlichen Natur in
eine göttliche ausgesprochen ist: γέγονας γὰρ θεός. Die moderne Prudentius-
forschung wird von den Arbeiten Gnilkas und Thraedes eingeleitet.

[51] Ed. R. Peiper, CSEL 23, 270; Manitius 102; Schanz-Hosius 4, 1, 228;
Bardenhewer 3, 390; Clavis 1429.

[52] Ed. R. Peiper, CSEL 23, 231—239; Manitius 189; Schanz-Hosius 4, 1,
228; Bardenhewer 3, 389 f.; Clavis 1427.

[53] PL 51, 617—638 (die neue Ausgabe von M. P. McHugh, Washington
1964 [Patristic Studies 98] war mir nicht zugänglich); Manitius 170—180;
Schanz-Hosius 4, 2, 494 f.; Bardenhewer 4, 540; Altaner-Stuiber 451;
Clavis 532.

[54] PL 51, 91—148; Manitius 203—210; Schanz-Hosius 4, 2, 495 f.;
Bardenhewer 4, 540; Altaner-Stuiber 451; Clavis 517. Der Umstand,
daß Prosper in diesem Gedicht Thesen versifiziert, die er schon früher zum
Zweck sachlicher Auseinandersetzung in einem Prosabrief an Rufinus (de
gratia et libero arbitrio, PL 51, 77—90) dargelegt hatte, ist ein weiteres
Argument für die S. 27 für Agrestius in Anspruch genommene reine Künstlichkeit derartiger Gedichte. Didaktischen Inhalts sind auch die Epigrammata in ob-
trectatorem Augustini (PL 51, 149—152), die Prosper nach augustinischen Kern-
sätzen gedichtet hat.

Alethia des Claudius Marius Victorius[55]. Starke didaktische Züge
weisen auch andere christliche Dichtungsgattungen auf, wie die zwei
afrikanischen Dichtungen de laudibus dei des Dracontius[56] und das
carmen de resurrectione mortuorum et de iudicio domini ad Flavium Felicem[57], ferner das vom Thema her hymnische carmen de
Christi Iesu beneficiis des Rusticus Helpidius[58]. Viele der genannten Werke tragen mehr oder weniger akzentuierte polemische
Züge, was in der Entwicklung der in ihnen vorgetragenen orthodoxen Lehrsätze aus der Auseinandersetzung mit diversen Häresien
seine Ursache hat[59]. Angesichts der dezidierten Betonung der Orthodoxie (26) ist es möglich, daß auch Agrestius in dem nicht erhaltenen Teil des Gedichtes häretische Anschauungen bekämpfte
— besonders, da dafür eine literarische Tradition seit Prudentius bestand —, etwa im Zusammenhang mit dem Erbsünde-
dogma oder der Christologie, was aber weniger wahrscheinlich
ist[60], da die versus, soweit sich aus dem Fragment ersehen
läßt, das Hauptaugenmerk nicht auf die Christologie richteten
(christologische Polemiken folgen zumeist unmittelbar auf die
trinitarischen Artikel [29 ff. bei Agrestius])[61]. Als Versepistel
didaktischen Inhalts hat Agrestius am ehesten in dem Hilariusgedicht de Genesi ein in manchem ähnliches Gegenstück (versifizierte intitulatio), das aber in formgeschichtlicher Hinsicht Unterschiede zeigt (Hilarius konzipiert sein Gedicht durchgehend als
Hymnus mit Prädikationen, Apostrophen; in Vers 7 findet sich
sogar ein Anklang an die liturgische Präfation), als versifizierte
expositio fidei nimmt es jedoch in der lateinischen christlichen

---

[55] Ed. P. F. HOVINGH, CC 128; MANITIUS 180—188; SCHANZ-HOSIUS 4, 2,
363—365; BARDENHEWER 4, 637—640; ALTANER-STUIBER 411; Clavis 1455.

[56] Ed. F. CORSARO, Catania 1962; MANITIUS 326—340; SCHANZ-HOSIUS 4, 2,
58—68; BARDENHEWER 4, 658—661; ALTANER-STUIBER 498 f.; Clavis 1509.
Vgl. auch P. LANGLOIS, Art. Dracontius, RAC 4, 250—269.

[57] Ed. J. H. WASZINK, Bonn 1937 (Florilegium Patristicum, Suppl. 1) mit
reichhaltiger Einleitung und Kommentar; MANITIUS 344—348; SCHANZ-HOSIUS
4, 2, 396 f.; BARDENHEWER 2, 504; ALTANER-STUIBER 499; Clavis 1463.

[58] Ed. F. CORSARO, Catania 1955; MANITIUS 379—384; SCHANZ-HOSIUS 4, 2,
389—391; BARDENHEWER 5, 248 f.; ALTANER-STUIBER 499; Clavis 1506.

[59] Vgl. SCHANZ-HOSIUS 4, 1, 508.

[60] Polemik gehört in die Literatur de fide, z. B. Ambr. fid. 1, 1, 6 (CSEL 78,
7 FALLER): gegen Photin und Arius; 2, 3, 33 (68 FALLER): gegen Sabellianer und
Arianer etc.

[61] Z. B. in der confessio verae fidei, die der Presbyter Faustinus an Kaiser
Theodosius schicken ließ (CC 69, 357 SIMONETTI), der sich unmittelbar nach der
trinitarischen Formel gegen die Apollinaristen und Arianer wendet.

K. Smolak

Dichtung eine Sonderstellung ein, die aus der besonderen Situation, in der der Bischof von Lucus dichtete — wieder vorausgesetzt, daß er der Verfasser ist — nämlich der gespannten kirchenpolitischen Lage, erklärt werden könnte. Das Gedicht wäre dann ein gallischer Gepflogenheit entsprechend in poetischer Form verfaßtes Antwortschreiben auf eine übersandte (wohl prosaische) Symboldarstellung[62]. Eine solche prosaische expositio fidei in Briefform ist das Schreiben des ehemaligen Pelagianers Lucidus an mehrere Geistliche (MGH auct. ant. 8, 290 KRUSCH), das zeitlich nach den Agrestiusversen liegen dürfte. Wenn Agrestius wirklich seine Orthodoxie hätte verteidigen müssen, hätte er wahrscheinlich wie Lucidus und Priszillianisten des fünften Jhdts.[63] die Form der prosaischen confessio fidei gewählt, zumal da die Poesie selbst sich immer ihrer Orthodoxie vergewissern mußte — noch am Ende des fünften bzw. zu Anfang des sechsten Jhdts. (zu dieser Zeit natürlich ein Topos)[64]: Alc. Avit. prol. ad Apoll. episc. (MGH auct. ant. 6, 2, 201, 16—202, 1 ff. PEIPER): *quamquam quilibet acer ille doctusque sit, si religionis propositae stilum non minus fidei quam metri lege servaverit, vix aptus esse poemati queat; quippe cum licentia mentiendi, quae pictoribus ac poetis (Hor. ars poet. 9) aeque conceditur, satis procul a causarum serietate pellenda sit. In saeculari namque versuum opere condendo tanto quis peritior appellatur, quanto elegantius, immo, ut vere dicamus,*

---

[62] Dies würde sehr gut zu den Verhältnissen in Spanien passen; vgl. KÜNSTLE 43: ‚Da man in Spanien nämlich in einem Zeitraum von über 150 Jahren keine Konzilien halten konnte, sah man sich genötigt, private Professiones, Sermones oder Expositiones fidei, die sich durch glückliche Fassung auszeichneten, im Kampfe gegen die Häresie zu verwenden.' Es soll natürlich nicht gesagt werden, daß Agrestius mit seinem Gedicht aktiv in den dogmatischen Streit eingreifen hätte wollen — die ‚notorische Unaktualität' eines Großteils der christlichen Lehrdichtung (THRAEDE, *Epos* 1041) steht heute fest — doch war die Abfassung von persönlichen Glaubensformeln eben um die Mitte des fünften Jhdts. in Spanien infolge des Priszillianistenstreits naheliegend. Daß übrigens auch die Dichtung bewußt in der priszillianistischen Propaganda eingesetzt wurde, schließt KÜNSTLE 160 aus einer Notiz bei Hier. vir. ill. 122 über den dichtenden Priszillianisten Latronianus. Die metrische Abfassung einer orthodoxen confessio fidei war zweifellos ein Sonderfall, was übrigens ein weiteres Argument für die Originalität des technischen Zusatzes *in modum facetiae* ist. Versbriefe apologetischen Inhalts sind die Paulinusgedichte 23 und 32, doch folgen sie nicht dem Schema der expositio fidei.

[63] Über die literarischen Erzeugnisse der Kontroverse vgl. SCHANZ-HOSIUS 4, 1, 382—385.

[64] Dahinter steht der alte Gegensatz von Dichtung und Wahrheit: vgl. THRAEDE, Untersuchungen zum Ursprung und zur Geschichte der christlichen Poesie I, *JbAC* 4 (1961) 123.

ineptius falsa texuerit . . . 202, 12 f.: *non enim est excusata perpetratione peccati libertas eloquii*. Bei Agrestius dient das konfessionell umgemünzte Lehrer-Schüler-Verhältnis (vgl. Lucid.: *correptio vestra salus publica est* mit Agrestius 5: *sancta salutiferi per te mihi tradita verbi/semina*) lediglich zur Motivierung einer Lehrdichtung de fide[65]. Das Gedicht scheint also artifiziell zu sein, eine praktische Übung in den in der Schule gelernten Regeln metrischer Dichtung.

2. Die Sprache

Die Sprache des Gedichtes ist centonenhaft wie die der spätlateinischen klassizistischen Dichter überhaupt. Im übrigen sind Syntax und Morphologie — was teilweise wieder von der Beurteilung der Orthographie der Handschrift abhängt (siehe zu 15: *fetus*) und somit kein ganz sicheres Zeugnis hat — korrekt; dies spricht gleichfalls gegen einen zu späten zeitlichen Ansatz. Die Originalität eines spätlateinischen Dichters liegt zum guten Teil in der Originalität der Kontamination[66]. Unter diesem Aspekt zeigt sich Agrestius weder besonders originell noch besonders geschickt, da die Adaptierung vorgegebener Wendungen einerseits in der engeren literarischen Umgebung des Gedichts (vgl. das S. 92 zu Vers 47 Gesagte) bereits vollzogen war, andererseits einmal zu einem Verstoß gegen die Metrik (36: Hiat in der Klausel), des öfteren zu Verstößen gegen die Grammatik führt: so 8: *tenerum fetus* (Nom. Sing.) als Folge einer Kombination eines Halbverses aus der Ciris und einer Klausel nach Cyprianus poeta (eine ausführliche Begründung der Richtigkeit der Überlieferung ist im Kommentar z. St. gegeben). 40: *praecipit et*: Inkonzinnität des Tempus der Prädikate der Satzreihe als Ergebnis der Kombination eines bei Iuvencus belegten Hexameterkopfes mit Verg. Georg. 1, 137 (Näheres siehe S. 85). 42: *pinnis*: ein sonst nicht belegtes pars pro toto für avis (semasiologische Besonderheit) infolge der Vorziehung einer überaus häufigen Hexameterklausel, wodurch das sonst immer gesetzte Substantiv für

---

[65] Zum Problem der Motivierung der christlichen Dichtung: Thraede, *Studien* 21—27. Keine der dort angegebenen Motivierungen entspricht der unseren (Thraede bestreitet auf analytischem Weg die Existenz einer geschlossenen christlichen Poesie mit konstanter Motivierung); nur insofern kann man einiges (Thraede a. a. O. 23 f.) neben Agrestius halten, als es sich aus Exordialtopoi entwickelt hat.

[66] Vgl. Thraede, *Epos* 1041. Über die Notwendigkeit, die kontaminatorische Technik der späten Dichter zu beachten: *Wr. Stud.* 83 (1970) 214, A. 3 (mit Literatur).

Vogel verdrängt wurde; diese Vorziehung ist ihrerseits bedingt durch die Besetzung der Klauselstelle mit einer auf Ovid zurückgehenden Wortverbindung. Eine weitere Folge der Formelverwendung in diesem Vers ist die Umkehrung des logischen Ausdrucks (siehe den Kommentar z. St.). 48: *prior*: die superlativische Bedeutung des Komparativs ist in erster Linie eine Folge der Verwendung einer ovidianischen, an die Versstelle nach der Penthemimeres gebundenen Wortverbindung[67]. Das formale Prinzip, nach dem Agrestius seine meist im nominalen Bereich ziemlich aufgeblähten Satzgebilde herstellt, ist die Addition. Dazu einige Beispiele: 7 f.: *prorumpere germine fetus* wird mittels des häufigen Hexameterkopfes *incipit et* mit dem inhaltlich ziemlich gleichwertigen *conatur vincere sulcos* verbunden. Die Addition geht über ein Enjambement. 10—13: *noster ager ... aut ... malignus*: Addition als scheinbare Alternative; der sachliche Grund ist die biblizistische Fundierung des Bescheidenheitstopos von der geistigen Unreife, der gleichzeitig ein Kompliment an den Briefempfänger ist, mit Matth. 13, 25 zum Zweck der Verchristlichung. 14 f.: Addition von *suscipe curam* und dem erklärenden, aber faktisch nicht erweiternden *respice fetus*, mit et explicativum und Enjambement (vgl. 8) durchgeführt. In dem Abschnitt 16—21 sind sämtliche Sätze in der Form einer Addition gebaut: 16 f.: *lascivae herbae/obficiant* + *seges vincatur* (wieder Enjambement), 18 f.: *velle* + *circumfode* (asyndetisch), wobei das zweite Glied sachlich weniger konkret ist als das erste, 20 ff.: *pullulet* + *satiet* (das zweite Glied enthält die Zweckangabe des ersten; wieder Enjambement in 21), 23 f.: *lucra feres* + *potiere* (Enjambement), 36: *terrigenos* + *ex semine Adam* (Namensexegese + Namen; die Addition erfolgt mittels eines explikativen Relativsatzes).

Die biblischen Anklänge sind bis auf die Stelle Tob. 8, 7 in Vers 33 nicht originell angewendet, sondern stehen in patristischer Tradition: das gilt besonders für die Gleichnisse von den Samenkörnern bzw. dem Unkraut im prooemium. Evidenz für die zwischen dem Bibeltext und Agrestius liegende Exegese (im konkreten Fall wahrscheinlich des Ambrosius) ist aus Vers 38 zu gewinnen: *pabula* in der Wiedergabe von Gen. 1, 11 f. ist zwar im afrikanischen Texttypus der Vet. Lat. zu finden, jedoch nicht im

---

[67] Der Aspekt der Wechselwirkung zwischen sprachlichen Möglichkeiten des Spätlateins und der Übernahme vorgegebener Wendungen ist weder für die Prosa noch für die Dichtung herausgearbeitet. Siehe zu 19: *circumfode*.

europäischen oder der Vulgata (einer der beiden Texte mußte
Agrestius vorgelegen sein, welcher, ist nicht sicher zu sagen, doch
wird es, wenn der zeitliche Ansatz auf die Mitte des 5. Jhdts. stimmt,
wohl ein VL-Text gewesen sein). Die Form *pabula* wurde aber in
der Exegese bewahrt und muß, wie der Zusammenhang mit der
Sonnenschöpfung zeigt, Agrestius von daher zugeflossen sein
(Näheres siehe S. 84).

3. Metrik, Kunstmittel und Komposition

In der Metrik hält sich der Dichter im großen und ganzen an
die klassischen Quantitäten, ähnlich wie Sidonius Apollinaris,
strenger als etwa Paulinus von Pella[68] oder auch Cyprianus poeta.
Aus dem Vergleich mit diesen Dichtern geht hervor, daß die Hexa-
metermetrik bis inklusive der Zeit des Venantius Fortunatus kein
Mittel für eine Datierung oder lokale Zuweisung einer Dichtung
ist, da sie zu sehr einerseits dem Ausmaß der klassischen Entleh-
nungen, die bei der Beurteilung der tatsächlichen metrischen
Kenntnisse eines spätantiken Dichters beiseite gelassen werden
müssen, andererseits der persönlichen Bildung des Autors unterworfen ist (das gilt nicht für den bewußten Antiklassizismus Commodians). Agrestius kürzt nur einmal eine naturlange Silbe: 4:
crĕătŏrĕ, zum Unterschied von den anderen Dichtern, wie Lucan.
10, 266; Sidon. Apoll. carm. 15, 116 (beide Male vom Demiurgen),
Alc. Avit. poem. 2, 23 (vom christlichen Gott): an diesen Stellen
steht das Wort im Nominativ in der Klausel. Eine Klauselstellung
im Nominativ war aber für Agrestius infolge des vorgegebenen Typs
des christlichen Briefkopfes (theologische Apposition zu *in Christo*
vor salutem; siehe S. 53) nicht möglich. Für die Längung eines
natura kurzen Vokals in der Arsis finden sich zwei Beispiele: 12:
sáta, 25: *cátholica* (die Langmessung des a ist in der christlichen
Dichtung üblich, da das an sich prokeleusmatische Wort auch bei
Längung der Schlußsilbe für den Hexameter sonst nicht zu gebrauchen wäre, die orthodoxe Dichtung aber auf es nicht verzichten
konnte; zu der Technik, die erste Silbe eines mit drei Kürzen beginnenden Wortes im Hexameterkopf zu längen, vgl. Norden,
Kommentar[4], 141 zu Verg. Aen. 6, 61). Irrationale Längen[69] treten
häufig auf: 3: *famulás* (vor Hephthemimeres), 25: *catholicá* (vor
Trithemimeres), 29: *ingenitás* (vor Penthemimeres), 47: *internás*

---

[68] Zur Metrik des Paulinus von Pella: W. Brandes, *CSEL* 16, 318—320.
[69] Über irrationale Längen: Norden, *Kommentar*[1] 450—452.

(vor Trithemimeres); *homó* (vor Hephthemimeres). Nur Vers 27
schließt mit einem Monosyllabum (*vel*); diesem geht ein weiteres
voran (*tu*). Dieser vor allem in den horazischen Hexametern gepflegte Typ könnte hier zum Unterschied von den Schlüssen mit
doppeltem Monosyllabum bei Paulinus von Pella[70] eine Übertragung der metrischen Möglichkeiten des mit einem Satzanfang zu-
sammenfallenden Verskopfes (9, 16, 41) auf die einen neuen Satz
einleitende Klausel, also zumindest bis zu einem gewissen Grad
syntaktisch bedingt sein. Der Zweck der zwei Monosyllaba wäre
dann, das umgekehrte Enjambement, das Agrestius sehr kultiviert,
zu unterstreichen. Da doppelmonosyllabische Schlüsse auffallen,
werden sie um so leichter zu Sinnträgern, was auch hier der Fall
ist (Apostrophe an den Adressaten in Antithese zu der fiktiven,
durch die Form der confessio fidei bedingten Hinwendung an die
Gemeinde); vgl. z. B. Paul. Nol. carm. 28, 324 f.: *qui nunc per-
manserit in se/idem, et in aeternum non inmutabitur a se* (Antithese).
Der versus spondiacus 21 dagegen ist nur von der konventionellen
Klauselstellung des Wortes *incrementum* bedingt. Die Beobachtung von F. MARX[71], daß nach Penthemimeres das Monosyllabum
nach einem spondeischen Wort zu stehen kommt, läßt sich bei
Agrestius nicht verifizieren. In den Versen 10 (eine Inversion von
nam wäre möglich gewesen, siehe NORDEN, Kommentar[4] 403),
28, 33, 34 (vgl. Ov. Met. 13, 864: *tanto pro corpore*; Stat. Theb. 9,
197: *rapto pro corpore*; vielleicht wollte Agrestius die Synalöphe
zweier Monosyllaba vermeiden), 43 steht das Monosyllabum zuerst,
was einen Zusammenfall von Iktus und Akzent für den ganzen
zweiten Versteil ergibt. In 33 ist der Grund für die Vorziehung des
Monosyllabum klar: es wird die Wortfolge *terram mare* von Ov.
Met. 1, 180 von 5—IV/V auf 3—III/IV übertragen, außerdem wirkt
die Reihenfolge der zugrunde gelegten Tobiasstelle ein. Die ovidiani-
sche Dreierformel bleibt an derselben Versstelle bei Prud. Hamart.
116; Dracont. laud. 3, 555 CORSARO. G. E. DUCKWORTH[72] hat nach
der Feststellung der Häufigkeit der acht Haupttypen unter den

---

[70] Prozentzahlen zu den monosyllabischen Hexameterklauseln bei christlichen Dichtern bringt W. BRANDES, Studien zur christlich-lateinischen Poesie, *Wr.
Stud.* 12 (1890) 290 f. Allgemein NORDEN, *Kommentar*[4] 438 (die Kategorie des
Archaischen trifft natürlich nur für Vergil zu) und J. HELLEGOUARC'H, *Le monosyllabe
dans l'hexamètre Latin*, Paris 1964, 50—61.

[71] Molossische und bakcheische Wortformen in der Verskunst der Griechen
und Römer, *Abh. der sächs. Akad. d. Wiss., phil.-hist. Kl.* 37, 1 (1922), 198.

[72] *Virgil and Classical Hexameter Poetry*, Michigan University 1969.

sechzehn [73] bei Nichtberücksichtigung der Klausel möglichen Formen (patterns) der Verteilung von Daktylen und Spondeen im
Hexameter auf rein deskriptivem Weg eine Einteilung der römischen hexametrischen Dichtung unter dem Gesichtspunkt ihrer
Vergilnähe bzw. -ferne versucht. Bei Agrestius zeigen die Typen
folgende Reihenfolge ihrer Häufigkeit: ddss (14), dsss (6), sdds (5),
ssds (4), ssss, sdsd, dsdd, ddds (je 3), sssd, dssd (je 2), ssdd, dsds,
sddd, ddsd (je 1); die Typen sdss und dddd fehlen. Bei nur 49 Versen
sind zwar acht Haupttypen nicht herauszuarbeiten, doch läßt sich
Agrestius immerhin den christlichen ‚post-Ovidian poets' (Duckworth 132 ff.) infolge seiner eindeutigen Bevorzugung des Typus
ddss (wie Prudentius und Dracontius) zuordnen. Die Aufeinanderfolge von ddss und dsss hat nach den Übersichtstabellen bei
Duckworth 102 nur in Petrons Antipharsalia eine Parallele, ein
Zeichen dafür, wie problematisch die Methode von Duckworth bei
alleiniger Anwendung werden kann, da Agrestius zu Petron in
keiner Beziehung steht (dsss als zweithäufigste Form haben von
den christlichen Dichtern auch Paulinus von Nola und Cyprianus
poeta). In der Abfolge der einzelnen Schemata ist an einigen Stellen
dichterische Absicht zu erkennen: die syntaktische, auch durch die
Anordnung der Verspausen gegebene Einheit des Brieftitels (1—4)
wird durch die dreifache Aufeinanderfolge des Typus sdds, dem als
schwerer Abschluß sssd (4) folgt, unterstrichen: doch während die
innere Metrik den folgenden Briefeingang (5 f.) an den Titel anschließt, hebt ihn die äußere durch zweimalige Doppeldaktylen
an den Versanfängen von diesem ab. In den hochrhetorischen
(siehe S. 77) Versen über die Trinität (29—32) sind die Formen ddss
und dsss chiastisch angeordnet, was eine Betonung des Mittelstücks
ausdrückt (vgl. 35). Der Typ ssss ist, wie schon gesagt, dreimal
vertreten, davon in 25 sicher mit der Absicht, die *longa exorsa*
metrisch zum Ausdruck zu bringen (Verg. Georg. 2, 46, eine Stelle,
die in diesem Vers verarbeitet ist, weist den Typ dsss, also auch ein
Überwiegen der Spondeen, auf, übrigens der häufigste Verstyp bei
Vergil, was eine dichterische Absicht für ihn eher in Frage stellt.
Agrestius hat jedenfalls das spondeische Prinzip des Vergilverses zu
Ende geführt). 35 soll die Mitte der Gruppe 33—37 markieren, auf

---

[73] Die Notierung der Schemata geht auf M. W. Drobisch, *Ber. Verhandl. d. kgl.
Sächs. Akad. Wiss.* 20 (1868) 18 f. zurück (d = Daktylus, s = Spondeus). Die An-
ordnung zwischen den Extremen des rein spondeischen bzw. rein daktylischen
Verses (ssss, dddd) nimmt Duckworth vor.

41 folgt ein syntaktisch dazugehöriger dsdd-Vers: wenn nun
vielleicht schon in den Spondeen keine Absicht zu erkennen ist, so
werden sie doch offenbar von dem Dichter empfunden und erhalten ihren Kontrastvers (die Verwendung der übernommenen
Wortgruppe *pinnis* . . . *aëra* verhindert eine vollständig durchge-
führte ‚opposite combination' (DUCKWORTH 25 ff.). — Die folgende
Tabelle soll das Zusammen- bzw. Gegeneinanderwirken von kunst-
voller Wortstellung, für deren Interpretation im Folgenden die
syntaktische Einheit des Satzgefüges als Basis genommen wurde,
und der ‚inneren Metrik', d. h. der Verspausen[74], veranschaulichen.
Die interpretierenden Erläuterungen werden im anschließenden
Text gegeben.

1	A	a	B	v		‖		5	7		
2	a	B	c	C		‖		5		5 w	
3	a	A	b	B	v	‖		5	7		
4	a	B	C	b	A	‖		5		5 w	
5	a	b	a′	B			‖	5	7		
6	v_1	v_2	v_3	A	C		‖	5			IV/V
7	a	v_1	B	A			‖	3	5		IV/V
8	v_2	c	v_3	v_4	C		‖	I/II (3)	5		V/VI
9	A	a	v_1	B					5		V/VI
10	b	v_2	/	A	v_1	B			5		V/VI
11	c	C	d	b	D	v_2			3	5	V/VI
12	A	a	b	B	C				3	5	IV/V
13	v_1	D	d	v_2					3	5	V/VI
14	A	a	(b)	v	B			I/II	5		IV/V
15	A	b	v	B					3	5	IV/V

---

[74] Die Verspausen sind markiert nach R. P. HOOGMA, *Der Einfluß Vergils
auf die Carmina Latina Epigraphica*, Amsterdam 1959. Zur Wortstellung: Substantiva (oder Pronomina) und Adjektiva werden mit demselben Groß- bzw.
Kleinbuchstaben ausgehend von A a notiert. Die Verbalbegriffe (v) werden mit
einer Indexziffer voneinander unterschieden. Aus Gründen der Übersichtlichkeit
werden die Worte grundsätzlich nach dem einzelnen Vers durchnotiert, nur bei
aufeinander morphologisch bezogenen Wörtern oder bei Enjambement werden mehrere Verse durchlaufend notiert. — Die syntaktische Einheit des Satzes scheint eine
tragfähigere Basis für die an die Tabelle anschließende Besprechung als der ‚Gedankengang' (so K. BÜCHNER, Beobachtungen über Vers und Gedankengang bei
Lukrez, *Hermes* Einzelschr. 1 [1936]). So sind auch die metrischen Einschnitte zum
überwiegenden Teil im Sinne von H. DREXLER, Caesur und Diaerese, *Aevum* 24
(1950) 332—366 als Markierung von Sinneinheiten aufgefaßt.

Vers	Schema	Zäsuren	I/II	2w/(3)	3	5	7	Schluß
16	a b B A	‖ ‖‖				5		(IV/V)
17	v_1 a B v_2 A	‖ ‖‖			3		7	
18	a A B b v	‖ ‖				5		
19	a B b v A	‖ ‖			3		7	
20	v (c) B a A	‖ ‖		2 w			7	
21	v_1 v_2 a A	‖ ‖	I/II	(3)		5		
22	a b v A B	‖ ‖				5	7	
23	A B a c d	‖			3		7	
24	C v_1 E f v_2 F	‖			3		7	
25	a A b B v	‖ ‖				5	5 w	
26	a b B A C				3		7	
27	v_1 d D v_2 / A				3			V/VI
28	A a B v_1 v_2 v_3	‖				5		V/VI
29	v_1 A a v_1 B b	‖ ‖‖				5		IV/V
30	C v_1 c d v_2 D	‖ ‖				5		
31	a A B C d	‖ ‖‖	I/II	2 w		5		
32	D e E f F	‖ ‖‖	I/II	2 w		5		
33	A B C D E F	‖ ‖‖				5		
34	a A b B C	‖				5		
35	v_1 v_2 a B A	‖		(3)		5		
36	a A v B C	‖ ‖				5		
37	v_1 v_2 B C	‖ ‖	I/II			5	7	
38	A B C v D	‖ ‖				5		
39	A B C v D	‖ ‖				5		
40	v_1 A B C v_2	‖	I/II	(3)		5	7	
41	a v A B	‖				5		(IV/V)
42	A B C v D E F	‖			3			IV/V
43	A b v B	‖				5		
44	a v_1 A b	‖				5		V/VI
45	C B d v_2 D E	‖			3	5	7	
46	a b B A	‖				5		
47	a v A b B C	‖			3		7	
48	A a B C v D					5	7	
49	e D f F G					5		

1—4: schwere Verse (die erste Zäsur ist immer die Penthemimeres; die Worte vor der Zäsur nehmen ihrem Umfang nach
vom Choriamb über zwei Anapäste zum Spondeus ab, sind aber

durchwegs ‚schwer' [DREXLER, Metrik 93]; ein choriambisches
Wort steht nur noch 29: *ingenitus* vor der Penthemimeres; nur an
zwei Stellen setzt Agrestius ‚leichte' Wörter vor diese Zäsur [32; 48].
Das spondeische Wort im ersten Fuß des ersten Verses ist eine Präposition im Sinn der klassischen Metrik [vgl. NORDEN, Kommentar[4]
435]) mit starkem Überwiegen der Nomina. In den vier Versen
finden sich nur zwei Verba, und zwar in den Klauseln von 1 und 3.
Dieser Parallelismus der Wortgliederung (1:3 = 2:4) hat seine
Entsprechung in der metrischen Gliederung: die verbalen Schlüsse
setzen bei der Hephthemimeres ein, in den rein nominalen Versen
(3;5) ist jeweils das letzte Wort durch eine weibliche Zäsur abgehoben und betont (*Avito — salutem* sind die wichtigsten Wörter in
der intitulatio). Zur umschlossenen Wortstellung in 2 vgl. T. E. V.
PEARCE, The Enclosing Word Order in the Latin Hexameter, Class.
Quart. N. S. 16 (1966) 143 (Cat. 64, 207). Alliteration von c und f
in 1.

5 f.: Parallelismus (5), die nominalen Glieder in den Klausel-
wörtern (*verbi—corde*) umschließen die verbalen Antithesen. Die
Zäsurenfolge ist in beiden Versen ähnlich, doch während 5 an den
Zäsurenrhythmus von 1—4 anschließt, bereitet 6 mit seiner buko-
lischen Diärese die folgenden Verse vor.

7 f.: Parallelismus der Nomina (B ist durch die übernommene
Klausel bedingt. Der Doppelung der Substantiva in der Klausel von
7 entspricht die Doppelung der Verba zwischen Penthemimeres
und Bukolika vor dem Schlußnomen in 8). Die metrische Dreiteilung von 7 wird in 8 gegen die Außenstellen des Verses hin (erster
Haupteinschnitt ist die Diärese nach dem ersten Daktylus) dezen-
triert.

9—13: dreigliedriger Parallelismus im ersten Satzgefüge (zwei
nominale Glieder, ein verbales). 10 (ab Penthemimeres): Parallelismus als Bauprinzip (A v_1 B v_2), das zweite Glied ist auf drei Doppel-
gruppen von Nomina erweitert. Syntaktisch wird in 9—11 das Prinzip der Zweiversgruppierung aufgegeben (zweimal 1½), doch metrisch insofern aufrechterhalten, als die Verse 9 f. das Gliederungs-
prinzip von 8 weiterführen, es aber durch eine weitere, syntaktisch
bedingte Verselbständigung des trochäischen Schlußwortes (umgekehrtes Enjambement) steigern. In 11 überschneiden sich die syntaktische (11 gehört zu der mit 9 beginnenden syntaktischen
Gruppe) und die metrische Gliederung (11—13: zwei Verse mit je
drei Einschnitten sind um einen mit einer bloßen Mittelzäsur sym-
metrisch gruppiert). Durch diese Interferenz wird die Gruppe 9—13

in ihrer Mitte fest gebunden. Syntaktisch gesehen stellt 12 f. wieder den Übergang zum Zweierschema mit Konzentrierung der Verbalbegriffe im zweiten Vers dar (vgl. 6; 8).

14 f.: Parechese in der Versmitte von 14. Dreifache Alliteration mit s, Enjambement, Parallelführung der Verse ab der Penthemimeres hinsichtlich Metrik, Wortanordnung (Adverb, Imperativ, Objekt) und Wortgrenze.

16—22: zu 19 vgl. PEARCE 150; 298; zu 22 PEARCE 150 f. Die syntaktischen Einheiten sind: 16 f., 18 f., 20—22, also 2 + 2 + 3 Verse (zwei Finalsätze als Außenglieder mit imperativischem Hauptsatz als Mittelstück), die metrischen 16—18, 19 f., 21 f., also 3 + 2 + 2 Verse, wodurch die Gruppe fest gebunden ist (vgl. 9—13). 16 f.: Hyperbaton, entwickelt aus der vorgegebenen Klausel *frugibus herbae*; Enjambement (der zugrunde liegende Vers Verg. Georg. 1, 69 wird über zwei Verse verteilt, wodurch Agrestius sein Schema der Nominal- bzw. Verbalverse erhält und zugleich das Additionsprinzip (siehe S. 28) verwirklichen kann. 18 f.: Zweiversgruppe aus denselben Elementen (je zwei Nominalpaare, je ein Verbum) in stark variierter Anordnung (Chiasmus bzw. Hyperbaton). 20—22: die Versgruppe ist in zweifacher Hinsicht eine Einheit, erstens als Finalsatz, zweitens infolge der Interferenz einer Zweiergruppe vom Standpunkt der Wortstellung aus (20 f.: Verbalbegriffe im Vorderteil des Verses, wobei die Verbalbegriffe im zweiten Vers gegenüber dem ersten wieder durch Enjambement verdoppelt sind; gleiche Nominalanordnung in den Klauseln; 22 zeigt Parallelismus mit Mittelstellung des Verbums) bzw. einer metrischen Zweiergruppe, die nur im Zusammenhang mit dem folgenden Verspaar 23 f. als solche erkennbar ist (Angabe zweier ‚Themen‘: Dreiteilung des Verses, und zwar in 21 durch einen Haupteinschnitt *vor* der Mittelzäsur, in 22 *nach* ihr. In 23 f. wird dieser Gegensatz in der Weise angegriffen, daß der Vers sowohl vorne als auch hinten geteilt wird, die Mittelzäsur aber wegfällt). Daß 16—18 als Einheit anzusehen ist (metrische ‚Sperrung‘ zweier Verse mit Mittelzäsur durch einen mit Trithemimeres und Hephthemimeres) geht daraus hervor, daß sonst 20 ohne Beziehungsvers bliebe, was sonst nicht vorkommt. 19 f.: gewisser Parallelismus in der Versteilung (keine Mittelzäsur). 19 schließt an das Schema 16—18 an wie 5 an das Schema 1—4 und stellt dadurch die Verbindung zum Vorhergehenden her.

23 f.: Zweiergruppe mit Verbalbegriffen im zweiten Vers (durch Enjambement); zwei Hyperbata (letztes Glied des zweiten Hyper-

baton im Enjambement) mit Verbum am Ende (v_1), gefolgt von
einer Sperrung durch das Verb. Über die Art der Bindung dieser
Gruppe an 21 f. s. o.

25—28: 25: Parallelismus mit Schlußstellung des Verbums 26 f.
Sperrung mit umgekehrtem Enjambement gegenüber Sperrung
der Verbalbegriffe durch eine zweigliedrige Nominalgruppe; der
Hauptsatz wird in der typischen Art des Agrestius als eine Zweiergruppe mit den Verbalbegriffen im zweiten Vers gebaut. 28: Aufteilung der Nominalbegriffe in die Vershälfte vor der Penthemimeres, der Verbalbegriffe in die nach ihr. Metrisch ist die Einheit
durch einen quasi spiegelbildlichen Aufbau (rein spiegelbildlich
16—18) gegeben (in den beiden letzten Versen rücken die Einschnitte gegenüber den entsprechenden vorderen Versen weiter
gegen den Versschluß).

29—32: syntaktische Unterteilung nach 30 in theologische
Aussage und deren Interpretation. Durch die Synalöphe in der
Arsis des vierten Fußes und das viersilbige Wort von III/IV bis
5 w wird der zweite Teil von 32 zum schweren Schluß der
Gruppe. 29 f.: Anapher, Parallelismus, Hyperbaton durch Verba,
Chiasmus, Hypopher von *est* in drei Gliedern. Die Trinitätsaussagen
31 f. sind als Trikolon mit schwerem dritten Glied (30: Nebensatz
statt eines adjektivischen Attributs; zu Versen ohne Nebenzäsur
vgl. NORDEN, Kommentar[4] 425—427) gebaut. Die fünf nominalen
trinitarischen Prädikationen zerfallen in drei Einheiten, durch die
Extremstellung der antithetischen Zahlwörter (*unus — trini*) werden die ersten drei Prädikationen zum ersten Glied zusammengeschlossen. Die Glieder eins und zwei werden durch die (steigende)
Anapher (*unica* greift auf *unus* zurück), die Glieder zwei und drei
durch die Konjunktion *atque* zusammengeschlossen. Im ersten
Glied besteht ein formal/inhaltlicher Gegensatz zwischen den Adjektiven und den dazugehörenden Substantiven (*unicus* bezieht sich
auf drei Substantiva, *trini* auf eines). Die drei Glieder weisen einen
viergliedrigen Parallelismus auf (erstes Glied: ein Adjektiv — drei
Substantiva; zweites bis drittes Glied: pro Substantiv ein Adjektiv), Enjambement. Die Verse werden wieder durch das Mittel der
Überschneidung zweier Schemata metrisch gebunden: 29—31
(Verse mit je einer zweiten Teilung nach der Mittelzäsur um einen
Vers mit bloßer Mittelzäsur angeordnet) bzw. 32 f. (spiegelbildlich
angeordnete vierteilige Verse; die Vierteilung erfolgte wegen des
hohen theologischen Sinngehaltes eines jeden Wortes; daß fast
jedes Wort gesondert betont ist und dabei von anderen abgehoben,

geht aus den reichen formalen Beziehungen hervor, die jedem Wort in diesen Versen zukommen).

33—37: drei Glieder, erstens: 33: Nominalreihe von sechs Substantiven ohne Attribut, zweitens: 34 f.: siebentes Substantiv mit Attribut und erklärendem Relativsatz über 1½ Verse (Parallelismus der Nomina in 34), drittens: 36: achtes Substantiv mit Attribut und erklärendem Relativsatz über einen Halbvers. In 37 erfolgt die Zusammenfassung der drei Glieder in dem Verbalbegriff *condidit*, der ein erklärendes Participium coniunctum bei sich hat. Es ergibt sich also eine spiegelbildliche Anordnung je eines mit Attribut versehenen Substantivs mit Relativsatz um einen durch das Schema ssss betonten schweren Vers. Diese Gruppe von drei Versen ist ihrerseits umgeben von zueinander antithetischen, einerseits nominalen, andererseits verbalen Begriffen (insofern liegt der Gruppe die Wortanordnung des oft gehandhabten Zweierschemas zugrunde). Die metrische Gliederung ist folgende: die nominalen Verse (33—36) haben nur Mittelzäsur (schwache Trithemimeres in dem spondeischen Vers 35), denen der viergeteilte Schlußvers 37 gegenübersteht.

38—45: 38—40 bilden die erste Einheit: auf zwei der Wortstellung nach gleichgebaute Verse, die infolge des einzigen Unterschiedes, des an die Spitze gestellten Adverbs, in Antithese zueinander stehen, folgt nach der schon geläufigen Abfolge der Vers mit den wichtigen Verbalbegriffen als Rahmenwörtern. Diese Gruppe ist auch metrisch gebunden: das Schema des ,elementaren Teiles' der Schöpfungsdarstellung (siehe S. 20), 33—37, wiederholt sich: auf zwei Verse mit Mittelzäsur folgt ein dreigeteilter. 41 f.: in beiden Versen sind die Nomina um den Verbalbegriff gruppiert, 42 enthält einen dreigliedrigen Ausdruck mit Chiasmus zwischen den beiden ersten und Parallelismus zwischen dem zweiten und dem dritten Glied, das mittlere Glied ist durch das gemeinsame Verbum gesprengt. 43 schließt inhaltlich an 42 an, steht aber syntaktisch und hinsichtlich der Wortstellung isoliert. Der metrischen Gliederung nach gehören 41 f. zusammen. Dies ist die kürzeste Form des Schemas 33—37 (auf einen Vers mit Mittelzäsur folgt der viergeteilte Vers). 43 gehört metrisch mit 44 f. zu einer Gruppe, in der das Schema von 33—37 ein viertes Mal aufscheint, und zwar in der Form von 38—40. 44 f.: 44: Hyperbaton durch Verbum, umgekehrtes Enjambement mit Sperrung über den Vers hinweg (darüber vgl. NORDEN, Kommentar[4], 399 f.). 45: Hyperbaton durch Verbum, in beiden Versen Mittelstellung des Verbums.

46—49 lassen sich infolge des Abbrechens des Textes innerhalb
einer syntaktischen Einheit zu keinen Gruppen zusammenfassen.
Chiasmus bzw. Parallelismus, erstes Glied mittels Hyperbaton
durch Verbum, zweites Glied mittels eines attributlosen Substantivs erweitert. 48: umgekehrtes Enjambement mit Hyperbaton
über den Vers hinweg wie 44 f.

4. Die Orthographie

Die Orthographie der Handschrift ist westgotisch (gutturale
tenuis für h, b/v Vertauschungen)[75]. Sie wird im Text entsprechend der angenommenen Entstehungszeit des Gedichtes dem
vermutlichen Bildungsniveau der damaligen Oberschicht ange-
glichen. Zu den wenigen Abweichungen von der klassischen Orthographie, die man Agrestius zumuten kann, siehe jeweils den Kommentar. Bei nur einer Handschrift war es möglich, ihre Orthographie mit Ausnahme der Schreibung von e für ae in den Apparat
aufzunehmen.

---

[75] Zur Orthographie vgl. CH. U. CLARK, Collectanea Hispanica, *Trans. Connecticut Acad. of Arts and Sciences* 24 (1920) 100—104.

TEXT

Versus Agresti episcopi de fide ad Avitum episcopum.
In modum facetiae.

1 INTER CHRISTICOLAS CELEBRES QUOS FAMA
                                    FREQUENTAT
INLUSTRI MERITIS VENERANDAE LAUDIS AVITO
EXCELSI DOMINI FAMULUS AGRESTIUS INQUIT
AETERNAM IN CHRISTO MUNDI CREATORE SALUTEM.
5 Sancta salutiferi per te mihi tradita verbi
institui cupiens suscepi semina corde.
Nunc primum tenerum prorumpere germine fetus
incipit et sterilis conatur vincere sulcos.
⟨Ex⟩ quo si quidquam generosum nascitur, omne
10 esse tuum fateor. Nam quidquid displicet, illud
noster ager tenui spinosum cespite gignit,
aut lolium infelix inter tua sata malignus
permiscens furtim zezania noxia sevit.
Tu modo sollicitus sollerter suscipe curam
15 agricolae et nostros paulisper respice fetus.
Ac ne lascivae generosis frugibus herbae
obficiant vilibusve seges vincatur avenis,
squalentes tribulos et gramina noxia velle;
incultos rastris gravibus circumfode sulcos,
20 u⟨t⟩ transgressa soli gremium iam libera messis
pullulet et crescens felicibus incrementis
ancxia maturis satiet tua vota maniplis.
Cum Christo segetis domino centesima laetus
lucra feres fructuque tui potiere laboris.
25 Sed ne suspensum te longa exorsa morentur,
catholica recti cordis secreta fidelis
incipiam promto sermone exponere. Tu vel
quisquis amans dominum quid credam consulis, audi:
Est pater ingenitus, est Christus, filius eius,
30 spiritus est sanctus unum qui monstrat utrumque:
Unica maiestas, virtus, substantia trini

nominis, unus honor atque indiscreta potestas.
Qui caelum et terram, mare, fontes, flumina, ventos,
sensibiles animas, quae pigro in corpore mundi
35 viventes carpunt communem hunc aëris usum,
terrigenosque homines, qui sunt ex semine Adam,
condidit ex nihilo faciens exordia rerum.
Lignorum fructus et pabula protulit herbae:
Tunc solis radios et cornua surgere lunae
40 praecipit et stellis numeros et nomina fecit.
Ac sic bis senis disponens mensibus annum
arva feris, pinnis dedit aëra, piscibus aequor.
Omnia post hominem, cui totum condidit orbem.
Quem tamen ut fragili vestiret corpore, bruti
45 membra soli sacro implevit spiramine vitae.
Sed quia non solito terreni ponderis usu
internus oneratur homo, rudis accola mundi
iussa verenda dei prior est transgressus adepti
immemor arbitrii, dum simplex Eva draconi . . .

     13 Matth. 13, 25   23 cf. Matth. 13, 37, Matth. 13, 8 (cf. Marc. 4, 8)
35 Tob. 8, 7 (cf. Apoc. 14, 7)   38 Gen. 1, 11 sq.   39—41 Gen. 1, 14—17
42 sq. Gen. 1, 20—26   45 Gen. 2, 7.

     2 cf. Prud. c. Symm. 1, 593 (cf. ILCV 1044, 1)   3 ILCV 1097, 1 (cf. Ven.
Fort. carm. 10, 7, 1)   5 Auson. 9, 1 Schenkl   6 Ven. Fort. carm. 7, 16, 23
7 (— C 5) Ciris 43 (cf. Calp. Sic. 6, 52), (D IV/V —) Cypr. poet. 1, 136; 2, 32   8 cf.
Verg. Georg. 2, 518   11 cf. Alc. Avit. poem. 2, 5   12 Verg. Georg. 1, 154 (cf.
Ecl. 5, 37; Iuvenc. 3, 7)   16 sq. Verg. Georg. 1, 69   18 Orient. comm. 2, 57
19 cf. Verg. Georg. 1, 496 (cf. Ov. ars 1, 726; Colum. 10, 71; Sen. spe 55 [PLM 4, 67])
24 carm. lign. vit. 55 (PL 2, 1114 C)   25 Verg. Georg. 2, 46 (cf. Aen. 6, 722)
26 Iuvenc. 2, 488; 3, 146   30 cf. Iuvenc. 2, 628 (cf. Prud. Apoth. 881; Ham. 165;
Paul. Petr. vit. Mart. 6, 8)   34 Lucr. 5, 65 (cf. Aetna 102; Ov. Met. 15, 239; Fast. 5,
11; Manil. 1, 247; 4, 888; Hil. Gen. 24)   35 cf. Ov. Met. 6, 349   36 Stat.
Theb. 2, 572   37 (— C 5) Prud. Apoth. 723 (D IV/V —) Lucr. 2, 333 (cf. Paul.
Nol. carm. 32, 174)   39 Rutil. Nam. 1, 55 (cf. Claudian. carm. 24, 66; Ennod.
carm. 2, 60, 6; Arator 2, 1089)   40 (— C 3) Iuvenc. 1, 18, (C 3 —) Verg.
Georg. 1, 137 (cf. Cent. Prob. 71; Anthol. Lat. 1, 1, Nr. 8, 6, 34 Bücheler-Riese)
41 Verg. Georg. 1, 64 (vid. pp. 85 f.)   42 Ov. Fast. 1, 493 (cf. Sil. It. 15, 788)
44 cf. Orient. comm. 1, 48   45 (— C 3) Ov. Met. 4, 134 (cf. 6, 246; Lucan. 8,
87; Stat. Theb. 2, 631 [= 6, 512]), (C 7 —) cf. carm. adv. Marc. 1, 4, 3   47 cf.
Lucan. 4, 592 (cf. Mar. Victorius, Aleth. 1, 338; Arator 2, 1192)   48 Rust.
Help. benef. 108   49 cf. Ov. Fast. 2, 255.

     titulus INCIPIUNT . . . FACTITIE *litt. rubr.*, incipiunt versus Agresti episcopi
marg. man. rec.   3 inquid   4 creatori   5 mici   6 corde] corum
9 quo] quod *m²* (*litt.* q *in maiusc. corr. et litt.* d. *s. l. add.*) quidquam] quic *s. l. m²*

10 displicit illut   15 agricule fetos   16 erbe   17 segis, abenis   18 velle]
e *supra* v *m*² 19 grabibus   22 maniclis (c *ex* p *m*²)   24 lavoris (v *ex* b *m*²)   25 set
28 quisquis *litt. rubr. in ras.*, amans] a *prior ex* e   29—30 *litt. rubr.*   31 ma-
gestas   32 adque   36 semine] *litt.* s *eras. propter corr.* germine?
37 nicilo   38 pavula, erba   39 radius   40 precepit   41 hac   42 arba, ęcor
43 orvem   46 set   47 honeratur   *titulus columnae alterius man. rec.*
epła Sedulii ad Celidonium (*ex* Celii *et* Macedonium? cf. *J. Huemer, De Sedulii poetae
vita et scriptis commentatio, Vindob. 1878, p. 9*).

ÜBERSETZUNG

Gedicht des Bischofs Agrestius über den Glauben an Bischof Avitus.
In belletristischer Darstellung

Avitus, unter den berühmten Christgläubigen, von denen Fama
häufig kündet, ausgezeichnet an Verdiensten, denen Ehrfurcht und
Ruhm gebührt, wünscht des erhabenen Herrn Diener Agrestius
in Christus, dem Weltschöpfer, ewiges Heil. Den heiligen Samen des
rettungbringenden Wortes, den Du an mich weitergegeben, habe ich
lernbegierig mit dem Herzen empfangen. Jetzt beginnt die erste
zarte Pflanze im Keim zu sprießen und wagt sich über die unfruchtbaren Furchen hinaus. Wenn daraus auch edle Frucht wird,
so kommt sie zur Gänze von Dir, ich bekenn' es. Denn all das Dor-
nengestrüpp, das Dir mißfällt, bringt mein Acker auf seinem
schütteren Rasen hervor; oder es hat der Böse unfruchtbaren Lolch
heimlich unter Dein Saatgut gemengt und schädliches Unkraut
gesät. Du freilich übernimm kundig des Bauern wache Sorge und
kümmere Dich noch eine Zeitlang um meine Pflänzchen. Und daß
nicht wild wuchernde Gräser der edlen Frucht schaden und nich-
tiger Hafer die Saat zerstöre, jäte starrenden Kreuzdorn und
widriges Kraut aus. Mit schweren Zinken grabe in den ungepflegten
Furchen, daß die dem Schoß der Erde entsprossene Ernte dann un-
bekümmert gedeihe und zur fertigen Frucht wachse, um mit reifen
Garben Deine sorgenerfüllten Wünsche zu sättigen. Mit Christus,
dem Herrn der Saat, wirst Du freudig hundertfältigen Gewinn ein-
bringen und den Ertrag Deiner Arbeit ernten. Aber ich will Dich
nicht mit einer zu langen Einleitung in Schwebe halten, sondern
damit beginnen, die Herzensgeheimnisse einer rechten katholischen
Gesinnung in bündiger Rede darzustellen. Du, Avitus, und Du, der
Du den Herrn liebst und mein Glaubensbekenntnis erfahren willst,
wer immer Du sein magst, höre: Es ist der ungezeugte Vater, es ist
Christus, sein Sohn, es ist der Heilige Geist, der lehrt, daß beide eins

sind: Einzig ist Herrlichkeit, Kraft und Wesenheit des dreifachen Namens, einzig die Ehre und ungeschieden die Macht (dieses Gottes), der Himmel und Erde, Meer, Quellen, Flüsse und Winde, die empfindenden Seelen, die im trägen Körper der Welt als lebende Wesen diese Luft hier atmen, die für alle da ist, und die der Erde, dem Samen Adams, entsprossenen Menschen erschaffen hat — die Ursprungskörper der Dinge machte er aus dem Nichts. Der Bäume Früchte ließ er entstehen und Futter aus Gras: dann erst heißt er der Sonne Strahlen und die Sichel des Mondes aufgehen und zählte und benannte die Sterne. Und als er den Jahreslauf in zweimal sechs Monate aufgeteilt hatte, wies er die Felder den Landtieren, dem Gefieder die Luft, den Fischen das Meer zu. Zuletzt schuf er den Menschen, für den er die ganze Erde gemacht hatte. Um ihn nun mit einem zerbrechlichen Körper zu umkleiden, erfüllte er die Glieder aus empfindungsloser Erde mit seinem heiligen Lebensodem. Weil aber der ungewohnte Umgang mit der Erdenschwere den inneren Menschen niederdrückt, hat der unerfahrene Bewohner der Welt Gottes ehrfurchtgebietendes Gebot als erster übertreten ohne auf den erhaltenen Spruch zu achten, als Eva in ihrer Einfalt der Schlange . . .

KOMMENTAR

Titel

Die handschriftlich überlieferte Form wird die vom Verfasser zumindestens anläßlich der Veröffentlichung des Gedichts, das vielleicht ohne den Titel dem Avitus zunächst zur Prüfung übersandt worden war, gegebene Überschrift sein: es handelt sich nämlich um einen Grundtypus, dessen Erweiterungen um die Mitte des fünften Jhdts. schon durchaus möglich waren. Dieser Grundtypus ist ‚de fide‘, womit der Inhalt bereits hinlänglich charakterisiert ist. Kürzere und längere Darstellungen der Glaubenslehre sind als ‚fides N. N.‘ (z. B. S. Hieronymi, Venantii Fortunati [zum athanasianischen Symbol; MGH auct. ant. 4, 2, 106 ff. KRUSCH]) oder ‚expositio fidei‘ (z. B. ein verlorenes Werk des Ambrosius, aus dem Theodoret von Kyros, Eranist. 2 [PL 16, 847] zitiert) — die äußere Form dieser Glaubensdarstellungen steht deren Vorform, der confessio fidei des unter dem Verdacht der Häresie stehenden Gemeindemitgliedes noch sehr nahe — ‚de fide‘ (Ambrosius, der diese halbliterarischen ‚fides‘ zur theologischen Lehrschrift ausbaut), eventuell mit dem Zusatz ‚contra haereticos‘ (z. B. Audentius von Toledo) oder ‚orthodoxa‘ bzw. ‚catholica‘ (z. B. Phoebadius, weitere Beispiele im Kommentar zu 27 und 29—31) überliefert. In die Tradition dieser ‚expositiones‘ will Agrestius sein Werk stellen (siehe 26—28). Die Adressierung ‚ad Avitum‘ kann, zum Unterschied von ‚ad Gratianum‘ beim Titel von Ambrosius’ de fide (vgl. O. FALLER, CSEL 78, 4*), da es sich ja um einen Brief handelt (siehe die Grußformel 1—4 sowie die zu 5—24 besprochene Brieftopik), zum Originaltitel gehört haben. Die Beigabe der Titel (episcopi) von Absender und Adressat könnte, allgemein betrachtet, eine spätere Hinzufügung sein, wie vielleicht bei den theologischen Werken des Boethius (E. K. RAND gibt in seiner Ausgabe in der Loeb Classical Library, London-Cambridge [Mass.], 1946 zwar den vollen Titel nach den Handschriften, entschied sich aber in dem dem Verfasser zugänglichen Manuskript für die Ausgabe im CSEL für die Weglassung der Titel; doch könnte bei dem ausgeprägten Standesbewußtsein der spätrömischen Senatoren auch hier die volle Titelform richtig sein), da aber die Bischoftitel schwer-

lich dem Gedicht entnommen sein können und zumindest Agrestius
keine allgemein bekannte Persönlichkeit (wie Kaiser Gratian) war,
müssen sie wohl als original angesehen werden. Auch die Bezeichnung des Gedichts als ‚versus' ist, wie es scheint, in der angenommenen Entstehungszeit möglich. Zunächst dient versus zur Bezeichnung von Epigrammen jeder Art (vgl. Gloss.[L] I Ansil. EP 42 [zu
epigramma] *epitaphion dicitur, id est super sepulcrum versus*):
1. **carmina epigraphica**: Auson. epigr. 25 (MGH auct. ant. 5, 2,
203 SCHENKL): *versus in veste contexti*; Anthol. Lat. 1, 2, 487[d], 40
BÜCHELER-RIESE: *versus in mensa sancti Augustini*; Paulin. Petr.
versus de visitatione nepotuli sui, versus de orantibus (CSEL 16, 161 ff.
bzw. 165 ff. PETSCHENIG): beide Gedichte sind als Inschriften ge-
dacht; Alc. Avit. append. 22 (MGH auct. ant. 6, 2, 194 PEIPER):
versus . . . in basilica; zu weiteren Stellen siehe Appendix 1.   2. **Kürzere Gedichte** (literarische Epigramme): schon Martial. 11, 20, 1
nennt ein derbes Epigramm des Augustus *lascivos versus*, doch wird
die Bezeichnung kaum auf das Epigramm als Genus gehen. Anders
Auson. append. 4 (= eid. 20; 251 SCHENKL): *Catonis de Musis versus*
(epigrammatische Zusammenfassung der Musennamen in neun Versen); siehe auch Appendix 1.   3. **Längere hexametrische Poesie**:
das 85 Verse umfassende Gedicht des Cyprianus ‚*ad quendam senatorem*', das nicht epigrammatischen Inhalts ist, wird in Vat. Reg. 116,
Par. 2772, Par. 2832 versus genannt, so auch Anthol. Lat. 1, 2, 689[b].
Zu unrecht lassen HARTEL (CSEL 3, 3, 302) und PEIPER (CSEL 23,
227) versus weg. Als Parallelentwicklung kann übrigens die Ausweitung des Titels epigramma auf das mit 110 Versen nur fragmenta-
risch erhaltene S. Paulini epigramma (CSEL 16, 503—508 SCHENKL)
angesehen werden. Anthol. Lat. 1, 2, 719[a] = CSEL 16, 609—615
SCHENKL (Vergilcento des Pomponius) trägt den Titel versus,
ebenso 719[b], versus Socratis philosophi, wo das Wort *incipit* nicht
in den Titel aufgenommen gehörte. Im Mittelalter wird versus zur
Bezeichnung längerer Gedichte üblich. 4. **Sendschreiben**: für
Agrestius besonders wichtig ist die Tatsache, daß versus auch als
Brief übersendet werden können. Dafür bieten Ennodius und die
Generation der gallischen Literaten vor ihm (Ruricius) Beispiele;
Ennod. carm. 2, 107 (Nr. 256, 199 VOGEL) ist betitelt: *versus missi*
(als Probe literarischen Könnens; aus der Topik dieser Gewohnheit
stammt die Metapher des geistigen Ackers in ihrer epistolographi-
schen Ausformung: siehe S. 55 f.) *Agnello viro sublimi*. Der Name des
Adressaten ist dem Gedicht nicht zu entnehmen, so daß der Titel
original sein muß (zu weiteren Stellen siehe Appendix 1).

Wenn man nun einerseits bedenkt, daß gerade Ennodius mit dem rhetorischen Terminus dictio (mit schulmäßiger Unterteilung in thema, narratio, epilogus — z. B. dictio 12 [238 Vogel]; dictio 21 [260 Vogel]; so findet sich auch carm. 1, 9 [40 f. Vogel], das zum dreißigjährigen Priesterjubiläum eines Epiphanius verfaßt ist, eine Einteilung in die [prosaische] praefatio und das eigentliche Gedicht, versus, ein Zeichen mehr dafür, daß versus als Ausdruck für ein kürzeres Gedicht den Rang eines Terminus hatte und vom Autor stammt) seine rhetorischen Werke zu bezeichnen pflegte, andererseits die genauen Angaben, mit denen er die Titel versieht und die, wie gesagt, nur ihm bekannt sein konnten (z. B. carm. 2, 107 [199 Vogel]: *ex tempore* [zu den versus ex tempore vgl. schon Cic. de or. 3, 194]; besonders carm. 2, 35 [142 Vogel]: *versus de eo qui Gallis ipso praesente oblocutus est cum esset detractor Venetus*), so ist der Schluß geboten, daß auch versus als Bezeichnung einer bestimmten literarischen Form, des Kurzgedichtes, der Originaltitel ist. Die Herkunft des Gebrauchs von versus als Titel ist nicht genau zu bestimmen. Für die klassische Zeit ist er nicht bezeugt. Selbst Cic. Arch. 10 ist bestenfalls für die Bedeutung einer Generalbezeichnung für ‚Dichtwerk' heranzuziehen: *si quis minorem gloriae fructum putat ex Graecis versibus percipi quam ex Latinis, vehementer errat*: hier fehlt wie auch Tac. dial. 9, 1, wo *carmina* und *versus* synonym stehen, die Beziehung auf ein konkretes Gedicht. Forcellini und ihm folgend Klotz, die die Tacitusstelle nicht verzeichnen, führen s. v. versus für die Bedeutung ‚Gedicht' noch Cic. or. 3, 194 an, wo es von Antipater von Sidon heißt, er konnte *verus hexametros variis modis atque numeris fundere ex tempore* (bezugnehmend darauf Quint. 10, 7, 18: *facilitatem extemporalem*). Hier muß versus ebenso wie im selben Paragraphen *cum se mente ac voluntate in versum coniceret* die metrische Struktur eines Gedankens zum Unterschied von einerseits verba (die Worte, die auf die Struktur aufgesetzt werden), andererseits Prosa (oratio) heißen. Rein formal ist auch Hor. ep. 2, 2, 52: *facere versus* (vgl. 54: *scribere versus*) zu verstehen, ein deswegen bewußt niedriger Ausdruck für das Dichten (Kiessling-Heinze), weil er die technisch-metrische Bewältigung des Stoffes (facere ist hier höchstwahrscheinlich nicht der Terminus ποιεῖν, da es sich in den Titeln ohne jede technische Bedeutung erhält; ποιεῖν hat außerdem die Komponente des Ausfeilens, die aber dem offenbar synonym gebrauchten *scribere* fehlt) als das Charakteristikum der Dichtung hinstellt. Doch wenn der im Kolloquialstil des Horaz forcierte peiorative Aspekt wegfällt, scheint sich gerade von der auf

das Technische bezugnehmenden Bedeutung ein Ansatzpunkt
für den spätantiken, zunächst, wie es scheint, schulischen Gebrauch — in der Schule lernt man die Technik des Versbauens und
mußte Musterverse nach den jeweiligen Memorialversen verfassen —
zu ergeben: für Gedichte, bei denen es hauptsächlich auf die technische Ausführung ankam, war eine Benennung nach dieser naheliegend: so die *versus anacyclici* des Optatianus Porfirius aus
konstantinischer Zeit (Anthol. Lat. 1, 1, 81) sowie Titel aus dem
Technopaignion (!) des Ausonius: technop. 3 (Nr. 27, 3, 133
SCHENKL): *versus monosyllabis et coepti et finiti*; 4 (133 SCHENKL):
versus monosyllabis terminati etc. Diese Herleitung des Titels versus
würde zu der oben erwähnten ebenfalls der Schule entstammenden
Bezeichnung dictio passen (vgl. neben Ennodius auch Dracont.
Rom. 5 [140 ff. VOLLMER], eine typische rhetorische Schulübung
mit Unterteilungen in prooemium, narratio, excursus, quaestiones,
bzw. 9 [173 VOLLMER] mit dem Titel: *deliberativa Achillis an corpus
Hectoris vendat* mit Unterteilung in quaestiones und epilogus sowie
das kurze Gedicht Anthol. Lat. 1, 1, 244, dem als Thema ein Vergilvers gestellt ist). In den Bereich der rhetorisch-dichterischen Technik weist auch der Zusatz ‚*in modum facetiae*‘ (darüber im folgenden). — Eine Evidenz aus der Titelgebung im Paris. 8093 ist für
Agrestius kaum zu gewinnen, da die Handschrift versus sowohl für
Gedichte bietet, für die sie mit großer Wahrscheinlichkeit original
ist (24^r 1: epigraphisches Gedicht; 32^r: epigraphisches Gedicht
ed. PEIPER, MGH auct. ant. 6, 2, 194 f.; 32^v 1: epigraphisches
Gedicht ed. ROSSI 2, 1, Nr. 12, 247; 32^v 2: epigraphisches Gedicht
ed. BÜCHELER-RIESE, Anthol. Lat. 1, 2, 670, wo versus zu Unrecht
fehlt), als auch für eines, bei dem es formal zwar gerechtfertigt wäre,
in anderer Überlieferung aber fehlt (24^v 2: *versus de estate Eugenii*.
VOLLMERS Titelgebung [MGH auct. ant. 14, 269 = Eugen. Tolet.
carm. 101] ‚*de incommodis aestivi temporis*‘ scheint die originale zu
sein). — Der Zusatz ‚*in modum facetiae*‘ geht mit aller Wahrscheinlichkeit ebenfalls auf den Verfasser zurück, der dadurch sein
Werk gegenüber in schmuckloser Prosa verfaßten theologischen
Traktaten ‚de fide‘ näher definieren und es von ihnen abheben
wollte. Dazu scheint er zu einem pseudorhetorischen Ausdruck
gegriffen zu haben. Unter modus (sc. tractandi) verstand die
Rhetorik, in deren Schule ja Agrestius, wie die reichlich verwendete
Topik zeigt, gegangen ist, die ‚Art der Bearbeitung eines als Aufgabe gestellten Behandlungsstoffes‘ (H. LAUSBERG, Handbuch der
literarischen Rhetorik, München 1960, Bd. 2, 751 IV′ B′ § 1244), und

zwar als eine confirmatio — im konkreten Fall eine Darstellungs-
weise der vorzutragenden confessio fidei (eine solche Verkirch-
lichung der Rhetorik entspräche der Methode des Agrestius: siehe
zu 5 ff. über die kirchlich gebundene Umdeutung der geistigen
Fruchtbarkeit und des briefspezifischen Lehrer-Schüler-Verhältnisses). Einen ähnlichen rhetorischen Zusatz trägt, abgesehen von
Ennodius' ‚facti ex tempore‘ (s. o.), das sicher dem Paulinus von
Nola gehörende polymetrische Epigramm über den Tod des Baebianus (carm. 33 HARTEL) im Par. Lat. 7558: *Baebiani diverso modo
et metro dictis*, was W. BRANDES, Wr. Stud. 12 (1890) 281, zu *obitus
Baebiani . . . dictus* korrigierte, jedoch *diverso . . . dictus* athetierte,
worin ihm HARTEL, CSEL 30, folgte. Wenn man das Gedicht so eng
an die Schule von Burdigala bindet wie BRANDES a. a. O., muß man
wohl auch den technischen Zusatz für echt halten, zu dem eine
direkte Linie von den technischen Ausoniustiteln führt. Dazu
kommt, daß bei Ennodius, der auch durch die Wahl der poly-
metrischen Form (die übrigens möglicherweise auf griechischen
Einfluß in der Schule von Burdigala zurückzuführen ist; Wechsel
des Metrums begegnet nämlich auch in zwei allerdings jüngeren
Enkomien auf die Feldherrn Johannes bzw. Kallinikos ed.
E. HEITSCH, Die griechischen Dichterfragmente der römischen
Kaiserzeit, Göttingen 1961, S. 130 ff.; 134 f. [Wechsel von Jamben
und Hexametern]) bewußt auf die gallische Dichtung des späten
vierten und frühen fünften Jhdts. zurückgreift, ebenfalls technische Zusätze stehen. Technische Titel finden sich auch in den
als rhetorische Übungen gedachten Romulea des Dracontius
(Rom. 1 [132 VOLLMER]: *praefatio Dracontii discipuli ad grammati-
cum Felicianum, ubi dicta est, metro trochaico cum fabula Hylae*)
und herrschen in den Luxoriusepigrammen vor, das Versmaß betreffend (Anthol. Lat. 1, 1, 287 BÜCHELER-RIESE, neu herausgegeben von M. ROSENBLUM, London-New York 1961). Auch die
technischen Zusätze sind im griechischen Bereich belegt, z. B. Pap.
Cairo Cat. III 67316ᵛ (HEITSCH, S. 137): ein Enkomion mit dem
Zusatz μετὰ ἀκροστιχίδος. Pseudorhetorisch ist der Agrestius-
zusatz deswegen, weil *facetia(e)* kein eigentlicher modus in der
Rhetorik ist, doch als Gegensatz zu *graves sententiae* gebraucht
werden konnte: so Cic. de or. 2, 262 als Träger von figurae
(weitere Stellen zur rhetorischen Verwendung ThlL 6, 1, 1, 41, 16ff.).
Die Beziehung zur Schulrhetorik ist im übrigen auch vom Genus
her gegeben, da die Versepistel eine rhetorische Schulform war
(vgl. z. B. die Ethopoiie der epistula Didonis ad Aeneam, Anthol.

Lat. 1, 1, 83 = PLM 4, 271 f. Bährens). Die überlieferte Form
factitie (ein Wort factitia ist nach der Auskunft von Dr. Antony
vom mittellateinischen Wörterbuch, München, auch im MA nicht
belegt) geht höchstwahrscheinlich auf ein facitie (Schreibung des
ē als i) in der Vorlage zurück (zur Schreibweise facit- vgl. ThlL 6,
1, 1, 41, 48): infolge der vier Hasten (-itie) in capitalis rustica — diese
Schrift war für Überschriften sehr beliebt — konnte leicht eine
weitere Haste (t) vor das i gesetzt werden. Die Singularform facetia
ist im Altlatein und dann ab dem zweiten Jhdt. n. Chr. wieder
belegt (ThlL 6, 1, 1, 40, 34 f.). Nun zur Semasiologie: die erwartete
Bedeutung ‚Eleganz‘ im Sinn von rhetorischer Geschliffenheit,
was sich auf Passagen wie die Einleitung beziehen muß (5—24) — die
prosaischen expositiones fidei gehen trocken in medias res — und
wodurch das Gedicht als ‚belletristische‘ Glaubensdarstellung von
anderen ‚fides‘ abgehoben werden soll, ist für facetus schon lange
vorgebildet: nach Cic. Att. 13, 6, 4 schrieb Sp. Mummius aus dem
korinthischen Krieg *,epistolas versiculis facetis (factas v. l.) missas‘*:
facetus wird hier kaum ‚witzig‘ bedeuten (so J. Sykutris, RE
Suppl. 5, Sp. 207), was sich mit dem mutmaßlichen Inhalt der
Briefe aus dem Feldlager nicht verträgt. Es wird sich vielmehr
auf die poetische Form zum Unterschied von amtlichen commentarii
beziehen, die natürlich rhetorische lumina einschließt. Quint. 6, 3, 20
definiert: *facetum . . . non tantum circa ridicula opinor consistere:
neque enim diceret Horatius facetum carminis genus natura concessum
esse Vergilio* (serm. 1, 10, 44). *decoris hanc magis et excultae cuiusdam
elegantiae appellationem puto.* Das Zurücktreten der Bedeutungs-
komponente des Witzigen bei der Wortfamilie facetus in späterer
Zeit zeigen ferner Sidon. Apoll. ep. 9, 15, vers. 46: *limans facete
quaeque sic poemata* (enkomiastische Synkrisis der Gedichte eines
Proculus mit Vergil und Homer), Ven. Fort. vita Mart. 2, 452
(329 Leo): *illum diadema facetat* (= ornat) und die Glossierungen
facitia . . . elegantia (CGlL 4, 236, 26), *facitus elegans* (CGlL 4, 236,
23), εὐγλωττίαι *facetiae* (CGlL 2, 316, 27) und bei Charisius (GL 1,
33, 12) *facetiae* εὐομιλία εὐστομία. Einen semantischen Austausch
zwischen facundus und facetus bezeugt Chir. Fortunat. 3, 4 (Rhet.
Lat. min. 123, 9 Halm; vgl. Lausberg §§ 477 f.) gerade für Gallien,
der vielleicht von der etymologischen Herleitung beider Wörter
vom Stamm fac (Schol. Vindob. Hor. ars poet. 46; 5 Zechmei-
ster) beeinflußt wurde oder sie beeinflußte. — Der selbständige,
die Technik der Darstellung betreffende Zusatz hat außer in dem
oben genannten Gedicht über den Tod des Baebianus gewisse Paralle-

len in den in anderem Zusammenhang erwähnten Gedichten Ennod. carm. 2, 107; carm. 2, 142 (zu dem in der Syntax sich niederschlagenden synonymen Austausch von epigramma und versus vgl. Ven. Fort. carm. 5, 4 [107 LEO]: *versus . . . in mensa dictum* [von Leo zurecht nicht athetiert]): in beiden Gedichten finden sich die Angaben der Adressaten und der Form (Improvisation) wie bei Agrestius.

1—4

Der Briefkopf ist aus Elementen panegyrischer poetischer Epitaphe sowie spätantiken und christlichen epistolographischen Vokabulars geformt: Alc. Avit. append. 14, 1 (MHG auct. ant. 6, 2, 191 PEIPER: Epitaph des Iulius Avitus): *christicolas inter populos* (vgl. Ven. Fort. carm. 1, 11, 6 [13 LEO]: *Christicolam populum*); Ven. Fort. carm. 2, 16, 1 f. (44 LEO: Enkomion des Hl. Medardus): *inter Christicolas quos actio vexit in astris/pars tibi pro meritis* (vgl. 2) *magna, Medarde, patet* (der Relativsatz und die Nennung der merita rücken die Stelle nahe an Agrestius heran; vgl. auch carm. 1, 15, 1 f. [16 LEO; an Bischof Leontius]: *inter quos genuit . . . egregiis meritis*; carm. 7, 14, 9 [169 LEO]: *inter concives merito qui clarior extat*; dasselbe Schema auch schon CLE 654, 1 f.: *inter avos proavosque . . . virtutum meritis . . . emicuisti*). Christicola ist poetischen Ursprungs (zuerst carm. c. pagan. 78 [PLM 3, 290 BÄHRENS], ab Prudentius häufig: vgl. ThlL Onom. C 415, 41 ff.), nach Nominalkompositen vom Typ deicola (θεοσεβής: Vet. Lat. cod. δ Ioh. 9, 31; vgl. Hier. contra. Ioh. 38), daemonicola (Aug. civ. 9, 19; vgl. ThlL 5, 1, 6, 50 f.) gebildet und in die Prosa bezeichnenderweise durch die Epistolographie eingedrungen: Montan. ad Thurib. ep. 2 (PL 65, 54 C): *Domino eximio, praecipueque Christicolae*, wo es den konfessionell modifizierten Brieftopos ,Lob des Adressaten' (darüber siehe S. 63) trägt. Celebres . . . fama: die Verbindung der beiden Begriffe bereits bei Ov. Met. 3, 339: (Tiresias) *fama celeberrimus* (Parallelstellen bei BÖMER z. St.). Im Austausch für fama steht frequentia in der Panegyrik: Paneg. Lat. 9 (4), 3, 2 (Eumenius, pro instaurandis scholis): *scholae . . . studiorum frequentia celebres et inlustres* (vgl. 2). Der Versteil nach der Penthemimeres ist durch das Streben nach der Häufung epistolographisch verwendbarer panegyrischer Vokabel gekennzeichnet, zu denen auch fama gehört: Theodosius rühmt in einem Brief an Ausonius (Auson. ep. 5, 2, 1; 1 SCHENKL) Werke des Dichters, die *fama celebri* seien. Die Funktion der opera ist hier auf die Christlichkeit des Adressaten übertragen. Ganz allgemein Ruric. ep. 1, 1, 1 (an Faustus von Rei; MGH auct.

ant. 8, 299 KRUSCH = CSEL 21, 351 ENGELBRECHT): *olim te . . .
fama celeberrima praedicante* (ebenfalls Personifikation der Fama)
cognovi (= ep. 1, 16, 1 an Sidonius; 308 KRUSCH = 368 ENGEL-
BRECHT). — Vers 2 besteht aus im Briefkopf verwurzelten Wörtern.
Inlustri meritis: vgl. Prud. c. Symm. 1, 593: *quamlibet inlustres
meritis et sanguine clari/praemia virtutum . . . / rettulerint*: bezieht
sich in Anlehnung an offizielles Vokabular (*illustris*: Standes-
bezeichnung; *merita*: Verdienste um den Staat) auf die Vorfahren
des Symmachus; ILCV 1044, 1 DIEHL (= CLE 778 = CIL 5, 617, 6):
inlustris meriti (bis C 5). DIEHL vergleicht z. St. CLE 698, 1: *inlustris titulis meritisque haud dispar avorum* und erwägt Index 2,
442 s. v. illustris c die Ergänzung *meriti[s]*, der angesichts der von
DIEHL nicht herangezogenen Prudentiusstelle und unseres Verses
zuzustimmen ist. Enkomiastisch-epistolographische Verwertung
der Standesbezeichnungen clarissimus, spectabilis, illustris auch
bei Sidon. Apoll. epist. 8, 6, 2 (MGH auct. ant. 8, 130 LUETJOHANN):
Flavius Nicetius ist *vir ortu clarissimus, privilegio spectabilis, merito*
(in Angleichung an die Singulare *ortu* und *privilegio*) *inlustris*. Der
Plural merita der offiziellen Sprache (tua merita kann Anredeform
sein: V. BULHART, ThlL 8, 820, 73) hat sein Gegenstück in dem aus
dem Singular stammenden Adverb merito, das in spätantiken Brief-
titeln zu verschiedenen enkomiastischen Adjektiven hinzutritt (besonders zu venerandus oder venerabilis, das hier in der erweiterten
Form *venerandae laudis* vertreten ist: z. B. Lucif. ep. 6 [CSEL 14, 324
HARTEL, Athanasius an Lucifer] Aug. ad Hier. [= Hier. ep. 104;
110; 111 = Aug. ad Praesid.]; Paul. Nol. ep. 3; 7; 8; 15; 20; 21;
32; 33; 38; 39; 42; 43; 44; 51 [die Zitate sind deshalb ausgeschrieben,
weil in der äußerst kursorischen Übersicht von A. ENGELBRECHT,
Das Titelwesen bei den spätlateinischen Epistolographen, Wien
1893, Paulinus von Nola zur Gänze fehlt]). Daß hiebei merito in
seiner Grundbedeutung zumindestens mitverstanden wurde, zeigen
die Zurückführung in das Substantiv bei Arator, ep. ad Florian. 1
(CSEL 72, 1 McKINLAY): *qui meriti florem* und der Ersatz durch
den (offiziellen) Plural: ep. Graeci ad Ruric. (MGH auct. ant. 8,
271 KRUSCH = 443 ENGELBRECHT): *domino fidei meritis magnifi-
cando* (Umdeutung der politischen merita auf christliche, vgl. das
Widmungsgedicht des Seduliuseditors Turcius Rufus Asterius [an
Papst Gelasius?] bei HUEMER, CSEL 10, 307 [= Anthol. Lat. 1, 2,
491]: *sume sacer meritis*; Alc. Avit. ep. 41, 69 PEIPER: *meritis prae-
cellentissimo* (an Papst Hormisdas v. J. 516); Sid. Apoll. ep. 8, 14, 1:
sanctorum laus (vgl. *venerandae laudis*) *meritorum* (an Bischof Princi-

pius); Ven. Fort. vita Hil. 1 (MGH auct. ant. 4, 2, 1 KRUSCH):
Domino . . . meritis beatissimo (vgl. daneben Paul. Nol. ep. 3, 1:
merito beatissime); virt. Hil. 1 (7 KRUSCH); carm. 3, ep. ad Eufron.
(49 LEO): *Domino . . . meritis apostolico*; carm. 5, 5 (107 LEO):
Domino . . . meritis apostolicis praeconando (an Bischof Avitus);
carm. 8, 3, 393 (191 LEO): *meritis venerabilis* (Apostrophe an Kö-
nigstochter Agnes); daneben gebraucht Venantius wieder den Singular: carm. 7, 14, 9 (169 LEO). Zum Vokabular vgl. ferner Ven.
Fort. carm. 3, 15, 1—4 (68 LEO): *merita, laudes* neben Bescheidenheitsäußerung und Topos pauca e multis an Bischof Igidius von
Reims. *Venerandae laudis* als qualitativer Genetiv ist ein syntak-
tisches Mittel, weitere spezifische Vokabel des Briefkopfs unterzubringen: zu venerandus/venerabilis (meist direkt an den Adressaten gerichtet) siehe ENGELBRECHT 59, ferner die oben genannten
Paulinusbriefe (mit ep. 13); Paul. Petr. ep. ad Perp. tit. 3 (CSEL 16,
17 f. PETSCHENIG); Faust. ep. 18 (ad Lucid., MGH auct. ant. 8.
288 KRUSCH); Arator, ep. ad Florian. tit. Venerandus kann zu laus
parallel geschaltet werden: Ven. Fort. carm. 3, 4, 3 (54 LEO):
laudibus obsessus, votis venerandus haberis. Übertragung auf das rhetorische Lob eines Gegenstandes: Ven. Fort. carm. 10, 6, 1 f. (234
LEO: über die Kirche von Tours): *emicat* (vgl. CLE 654, 2) . . .
venerabile templum/egregium meritis (dasselbe Hemistich carm. 1,
15, 2 [16 LEO] im Enkomion der Person). — Die Frage, was man
sich unter einer veneranda laus vorzustellen hat, darf nicht gestellt
werden, da einerseits das Streben nach amplificatio in Rechnung
gestellt sein will, andererseits venerandus im epistolographischen
Sprachgebrauch zu der Bedeutung ‚den Empfänger betreffend' ab-
geschwächt erscheint: Ennod. ep. 6, 2, 1 (200 VOGEL): *scriptionis
venerandae* (= vestrae) *frugibus* (Samengleichnis, s. u.) . . . *satiatus
sum.* Zu laudabilis siehe ENGELBRECHT 56; dazu kommen die genannten Stellen Sidon. Apoll. ep. 8, 14, 1; Ven. Fort. carm. 3, 4, 3
sowie in einer als laudatio gestalteten expositio Paul. Petr. vita Mart.
1, 13: *clarus meritorum laude.*

Excelsi domini famulus: eine nahe Parallele für den
Versteil bis zur Penthemimeres ist wieder epigraphisch — aus
Spanien (Cordoba) — bezeugt: ILCV 1097, 1 DIEHL (= CLE 725):
[Ex]celsum dominum. Vgl. Ven. Fort. carm. 10, 7, 1 (239 LEO):
Praecelsis dominis famulor, zum Vers bis zur Hephthemimeres
vgl. auch Dracont. laud. 2, 667 Corsaro: —∪∪— *domini famulus.*
Die Formelhaftigkeit von *famulus (servus) excelsi domini* zeigt sich
an der Wiederverwendung durch Albarus von Cordoba im neunten

Jhdt. (carm. 9, 48, MGH poet. 3, 133 TRAUBE): *serbi/excelsi domini.*
Famulus vertritt die Selbstbezeichnung servus (δοῦλος) des christlichen Briefkopfes: vgl. Rom. 1: *Servus Christi Iesu;* Phil. 1; Tit.
1, 1; Iac. 1, 1; 2 Petr. 1, 1; Iud. 1, 1; in der patristischen Literatur
programmatisch nachgeahmt, z. B. Paul. Nol. ep. 1 (CSEL 29,
1 HARTEL): *Paulinus servus Christi Iesu.* Famulus (οἰκέτης), zunächst an dominus gebunden, entstammt dem biblischen Sprachgebrauch, z. B. Vulg. Ios. 1, 13: *famulus domini* (von Josua; in
alttestamentlichem Zusammenhang auch an der Dracontiusstelle)
tritt in theologisch bedingter Synonymik für servus Christi ein
(Christus als κύριος/dominus: dazu Literatur JÖB 20 [1971] 9, A.
12, im Briefkopf z. B. 1. Thess. 1, 1; 1 Tim. 1, 2; Paul. Nol. ep. 25*
[= 26]: *in Christo domino ... salutem*) und erscheint wieder in-
schriftlich: ILCV 992, 2 (= CLE 1391 [hexametrisches Grabepigramm für Bonifatius III]): *in domini famulos;* ILCV 1231, 4
(= CLE 673); ILCV 1024, 6 (= CLE 1371 = CIL 10, 6218) etc.
Weitere Stellen bei DIEHL Ind. 2, 342 s. v. dominus 3 b. Der Sprachgebrauch von famulus ist nach DIEHL, Ind. 2, 353 s. v. famulus d für
das epigraphische Material vorwiegend gallisch-spanisch. Aus
der Literatur vgl. z. B. Prud. Cath. 3, 171 etc.; Paul. Nol. carm.
20, 30 (CSEL 30, 144 HARTEL): *famulo Christi;* Sidon. Apoll. ep.
7, 17, 1 (123 LUETJOHANN); Faust. ep. 2, 2 (an Ruricius; 267
KRUSCH = ep. 9, CSEL 21, 211 ENGELBRECHT). Inquit: entspricht dicit (metri causa; vgl. ARATOR 2, 369), zur Konstruktion
mit Objektsakkusativ ThlL 7, 1, 1779, 33, mit Objektsdativ ebd.
1777, 83. Aeternam ... salutem: Christianisierung des Brieftitels (semasiologische Überlagerung der Grußformel salutem
infolge des theologischen Attributs aeterna [zur christologischen
Umdeutung von in Grußformeln vorgegebenen Vokabeln vgl.
E. LOHMEYER, Probleme paulinischer Theologie, ZNW 26, 1927,
163, A. 1]): vgl. Avit. Brachar. ep. ad Palch. tit. (PL 41, 805):
salutem in Domino aeternam; Montan. ep. 1 (PL 65, 51 A): *Montanus episcopus in Domino aeternam salutem,* und schon Cypr. ep. 76
(CSEL 3, 2, 827 HARTEL: Brief an Verurteilte in metallo von
Cyprian); 77 (Reskript) und besonders 79 (ebenfalls Reskript):
aeternam in deo salutem. An die ursprüngliche epistolographische
Form anknüpfend Ruric. ep. 2, 14, 2 (323 KRUSCH = 393 ENGEL-
BRECHT): *salutem itaque in Christo domino plurimam dico.* In
Christo mundi creatore: im neutestamentlichen Briefkopf
entwickeln sich — vorwiegend als Appositionen — christliche Be-
kenntnisformeln; die kürzeste ist die Hinzusetzung von κύριος

(dominus) zu Iesus Christus; ausführlicher Tit. 1, 4: *Christo Iesu salvatore nostro* und besonders 2 Tim. 1, 1: *Paulus apostolus Christi Iesu secundum promissionem vitae quae est in Christo Iesu.* Von der Möglichkeit, Bekenntnisformeln im Titel unterzubringen, wird in der Nachfolge der neutestamentlichen Briefe weiterhin Gebrauch gemacht, z. B. Cypr. ep. 76: *Cyprianus . . . martyribus dei patris omnipotentis et Iesu Christi domini nostri et conservatoris nostri aeternam salutem*; Paul. Nol. ep. 1: *in . . . Christo . . . salutari nostro.* Der Präpositionalausdruck *in Christo* (vgl. W. BAUER, WBNT[5] 514, Bed. d) wird in den Briefköpfen formelhaft, z. B. Ignat. Antioch. Rom. (= Eph. = Magnes.); Cypr. ep. 22 (Brief des Lucianus an Celerinus); Hier. ep. 103; 115; Paul. Nol. ep. 15; 26; Sedul. ep. ad Maced. 1; Faust. ep. 1 (an Ruricius, 265 KRUSCH = ep. 8, 208 ENGELBRECHT); ep. 17 (an Graecus, 284 KRUSCH = 7, 200 ENGELBRECHT); Ruric. ep. 2, 14, 2 (323 KRUSCH = 393 ENGELBRECHT) etc. Mundi creator steht als unverbindliches Theologumenon um des christlichen Briefstils willen anstelle einer Bekenntnisformel.

5—24 Allgemeines

Ackervergleich als dedicatio. Die Methode, nach der Agrestius vorgeht, ist die Spiritualisierung (dazu vgl. K. THRAEDE, Grundzüge griechisch-römischer Brieftopik, Zetemata 48 [1970] 159, A. 292 [mit Literatur], der aber die Ackermetapher nicht berücksichtigt) einer in Präfationen und den Einleitungen von Episteln häufigen Metapher, die ihren faktischen Hintergrund in der eingangs (S. 16) erwähnten Sitte hat, einander literarische Produkte zur Beurteilung postalisch zukommen zu lassen: man pflegte, gewöhnlich im Rahmen der Beteuerung der eigenen geistigen und formalen Inferiorität bzw. der entsprechend hohen Qualifikation des Adressaten (vgl. THRAEDE, Grundzüge 110; 131; 141 f.), die ‚befruchtende‘ Wirkung des erhaltenen Briefes der Unfruchtbarkeit des eigenen geistigen Ackers gegenüberzustellen. Es kann hier keine Geschichte der Ackermetaphorik, die noch ungeschrieben ist, geboten werden, es sei bloß die literarische Funktion der Metapher in der spätantiken Briefliteratur an Beispielen aufgezeigt. Das Feld wird zunächst bei den Griechen im Vergleich neben den Geist gestellt: so bei dem Sophisten Antiphon, VS B 60 (2, 365 DIELS-KRANZ). Das Material aus der Prosa (Griechen und Römer) bei A. GUDEMAN zu Tac. dial. 6, 9 (für die Verwendung in der Sprache der rhetorischen Theorie, die für den späteren brieflichen Gebrauch die Ausgangsbasis ist, da die Briefe sich weitgehend mit Formalkritik der Literaturwerke beschäftigen, ist Cic. de or. 2, 131 wichtig), wo der Vergleich ebenfalls vorkommt. Die Metapher ist kurz angedeutet bei Ov. Am. 3, 1, 59, wo im Agon zwischen Elegie und Tragödie jene sich rühmt: *prima tuae movi felicia semina mentis* (hier ist der Geist an sich noch fruchtbar, braucht also keinen ‚Sämann‘). Eine weitere Vorstufe ist Ov. Trist. 5, 12, 21—24, der — in einem Brief — die Unfruchtbarkeit des eigenen Geistes betont, was er dann in einer Vergleichsreihe, deren erstes Glied sich aus der Ackermetapher entwickelt, ausführt (es fehlt die typisch spätantike Ausformung als eines Bedürfnisses der ‚Befruchtung‘ durch einen anderen): *adde, quod ingenium longa rubigine laesum/torpet . . ./fertilis, assiduo si non renovatur aratro,/nil nisi cum spinis gramen habebit ager* (wiederum ist der Geist an sich fruchtbar). Im — nicht fingierten — Lehrer-Schüler-Verhältnis findet sich die Metapher wieder bei Fronto in einem Brief an Mark Aurel (ep. 1, 5, 102 f. Naber): Fronto geht von der abgegriffenen metaphorischen Verwendung des Wortes *fructus* aus, die er vom Allgemeinen (Sententiösen) zum Besonderen fortschreitend breit ausführt: *omnibus in rebus potior est certus praesens fructus quam futuri spes incerta. Egone qui indolem ingenii tui in germine etiam tum et in herba et in flore dilexerim, nunc frugem ipsam maturae virtutis nonne multo multoque amplius diligam? Tum ego stolidissimus habear agrestium omnium omniumque aratorum, si mihi cariora sint sata messibus. Ego vero quae optavi quaeque vovi compos optatorum votorumque meorum damnatus atque multatus sum.* Hier liegt dieselbe Entwicklungsstufe der Metapher vor wie bei Ovid: Fronto bezeichnet sich nicht als Sämann. Symmachus betont ep. 1, 3, 1 (MGH auct. ant. 6, 1, 4 Seeck) im Adressatenlob an seinen Vater, daß die Anerkennung seiner literarischen Produktion (Epistolographie als literarische Qualifizierung!) eine *rara messis ingenii* sei. Hier tritt bereits die Ackermetapher in Verbindung mit dem Komplex der literarästhetischen Beurteilung einer Epistel durch den Empfänger (zur Ackermetapher bei Symmachus vgl. ferner ep. 1, 27 [15 Seeck]: vom Briefwechsel; ep. 4, 34, 1 [110 Seeck]: vom Briefwechsel; 8, 44 [227 Seeck]: vom Briefwechsel; or. 1, 3 [319 Seeck]: von der erzieherischen Leistung Gratians). In Überwindung der Briefsituation (reale praesentia statt des geistigen quasi praesens), aber unter Beibehaltung des — fiktiven — Lehrer-Schüler-Verhältnisses gebraucht Paul. Nol. carm. 27, 235 ff. Brieftopoi als Komplimente für Niketas von Remesiana: als Ersatz für

eine Reinigung der Lippen durch Engelshand (Is. 6, 6 f.) — eine
Spiritualisierung der brieflichen Bescheidenheitsbeteuerung des
sermo incultus (241: *peccatoris sermo asper et aeger*) — hofft Paulinus, daß sein Geist *sapientis ab ore* befruchtet werde (245 ff.;
eine theologische Umgestaltung des ursprünglich literarisch verstandenen brieflichen Lehrer-Schüler-Verhältnisses; vgl. ARATOR,
ep. ad Vigil. 28—30 [auszitiert zu 9]): *forsan sapientis ab ore/ut
quondam effetae pecudes pastoris Iacob* (biblizistische Fundierung
mit Gen. 30, 37 ff.)/*concipiam sterili fecundos pectore sensus*. Hier
bedarf erstmals der Geist des Samens. Zahlreich werden die Belege
für die Ackermetapher in der Epistolographie des ausgehenden
5. Jhdts. und bei Ennodius: Sidon. Apoll. ep. 2, 10, 1 (33 LUET-
JOHANN; v. J. 469/70, an Hesperius): *copiosissimum fructum nostri
laboris* (vgl. 24) . . . *adipiscimur* (die *studia* des Sidonius haben bei
dem literarisch interessierten Hesperius Früchte getragen); Ruric.
ep. 1, 9, 1 (305 KRUSCH = 362 ENGELBRECHT; an Sidonius Apollinaris): Ackermetapher in Briefeinleitung mit Kompliment an den
‚Lehrer' in Glaubenssachen; ep. 2, 35, 1 (338 KRUSCH): *litteras
fecundi cordis et facundi oris accepi* (hier die beiden Themen positiv
im Adressatenlob, die bei Paul. Nol. carm. 27, 235 ff. in der Bescheidenheitsäußerung negativ waren. Das Bild vom Acker des
Herzens ist hauptsächlich wegen der Parechese von *fecundus* und
facundus genommen im Rahmen des gleichfalls infolge einer
Parechese so populären Paares cor/os [siehe S. 63] in einer Form/
Inhalt-Antithese); Ennod. ep. 4, 9, 2 (138 VOGEL; an Faustus von
Rei): *tamquam nobile germen . . . verbis inserere*; ep. 5, 14, 2 (183
VOGEL; an Servilio; der Text steht inhaltlich Agrestius sehr nahe):
*sic ego sanctitatis tuae adfectione possessus, quamquam me de peritia
iactare non audeam, vultum tamen praeceptoris* (Lehrer-Schüler-Verhältnis) *expecto, ne degeneri te credas ecclesiasticum germen* (konfessio-
nelle Deutung der eruditio wie bei Agrestius) *filio conmisisse, quia
quamvis memoria mea ad centenos se non valeat fructus extollere, scit
tamen multiplicata redhibere. Veni ergo, ut coram positus segetem tuam
boni agricolae vice respicias*; ep. 6, 23, 2 (225 VOGEL): ein gewisser
Partenius übersendet dem Ennodius eine Musterrede (dictio), die
die *vota*(!) seiner Eltern übertraf; dazu Ennodius: *quotiens vomeribus
terram scribimus, animus de spe venturae frugis elevatur. semper de
herbis aristarum divitias amicus rationis intellegit* (so auch ep. 7, 19,
1 [244 VOGEL]: Ennodius antwortet dem ‚*eruditus puer*' Simplicianus
auf die Übersendung einer dictio: *de incipientis laude solliciti ad deum
vota mittamus . . . ille ingenii segetem perducat ad horrea*: Gott erhält

die Rolle des magister in litteris); ep. 6, 2, 1; ep. 9, 6, 1; carm. 1, 7, 1 (27 VOGEL): *suspendistis* (sc. Faustus) *hactenus ab ingenioli mei ariditate imbrem fructuum nutritorem* (topische Briefbitte); carm. 2, 85, 5 f. (166 VOGEL; enkomiastisch auf Bischof Gerontius): *Agricolis iunctus coluisti germina vitae/nec serpens lolium pabula laeta tulit* (antihäretisch gedeutet wie bei Agrestius; s. u.); dictio 12, 2 (238 VOGEL; das Thema ist *laus litterarum*): *maiora capiunt messes ingeniorum incrementa*; 6: *vos triticeam de loliis segetem, vos fecundas de sterilitate ingeniorum glebas efficitis.* Ebenso wie die Elemente des Briefkopfes hat sich auch die Ackermetapher bei Venantius erhalten: so vita Albini 7 (28 KRUSCH; in der praefatio an Bischof Domitianus): *velut si quicquam inter fruges triticeas sterilitatis meae ordiatia conferant*; carm. praef. 3 (1 LEO): *pomposae facundiae florulenta germina* (hier ist der ursprüngliche Bezug auf die Rhetorik erhalten. Die orthodoxe Beziehung von ursprünglich rhetorischen Vokabeln gehört zu den Charakteristika spätantiker Dichtung und Epistolographie: vgl. z. B. K. THRAEDE, Die infantia des christlichen Dichters, JbAC, Erg.-Bd. 1 [1964] 362—365. Ein weiteres, soweit ich sehe, nicht berücksichtigtes Zeugnis ist die Übertragung des auf die ‚Süße der Rede‘ zielenden Nominalkompositums mellifluus als eines Epithetons zu dogma in einem Gedicht der Damasusappendix [PL 13, 416 C carm. 2, 8]). Zwei Möglichkeiten der Christianisierung der Metapher sind bereits angedeutet, Paul. Nol. carm. 27, 245 ff. und Ennod. carm. 2, 85, 8 f. Über diese nun etwas eingehender, da sie auch bei Agrestius begegnet. Es ist die Durchsetzung der aus paganer Tradition stammenden Metapher des Säens und Erntens mit rhetorischem Bezug durch die antihäretisch gedeutete Perikope von Weizen und Unkraut aus Matth. 13,25 (Unkraut = Häresien, Feind = Satan) einerseits und dem synoptischen, kerygmatisch interpretierten Gleichnis von den Samenkörnern, die auf verschiedenen Grund fallen (Matth. 13, 3—9; Marc. 4, 3—9; Luc. 8, 5—9) andererseits. Einige Stellen zur antihäretischen Deutung von Matth. 13, 25 bei W. BAUER, Rechtgläubigkeit und Ketzerei im ältesten Christentum, Tübingen 1934, 134—149; E. v. PETERSDORFF, Dämonologie, Bd. 2, München 1957, 16 f.; W. MARTIN, Die Gestaltung des christlichen Dogmas, Stuttgart 1959, 170; R. HERZOG, Die allegorische Dichtkunst des Prudentius, Zetemata 42 (1966) 141, Nr. 12. Hinzuzufügen ist Tert. Prax. 1; an. 16, 7; Cornel. ad Cypr. (Cypr. append. ep. 2); Hil. trin. 5, 23; Hier. contra Pelag. 1, 13 (mit Vergilreminiszenz wie Agrestius s. u.; vgl. H. HAGENDAHL, Latin fathers and the Classics,

Acta Univ. Gothob. 64 [1958] 276) ep. 130, 7; Concil ^{s}I 5, 252, 16 SCHWARTZ; Alc. Avit. hom. 20 (133 PEIPER); Prosp. ingr. 347 ff. (PL 51, 114); 931 (PL 51, 144 A). Die patristische Deutung der Perikope vom Saatkorn, das Frucht trägt, basiert in höherem Grad als die von Matth. 13, 25 ff. auf der im NT selbst gebotenen Interpretation; Marc. 4, 14 deutet: *qui seminat, verbum seminat*; Luc. 8, 11: *semen est verbum dei*. Da die hier tätige Person offen bleibt (anders als in der Erklärung des Unkrautgleichnisses bei Matth. 13, 37: *qui seminat ... est filius hominis*), läßt sich die Parabel auf jede kerygmatische Tätigkeit beziehen (so Hier. in Matth. 13, 31: *animus ... suscipiens gramen praedicatoris ... facit in agro sui pectoris pullulare* [Verbindung der beiden Gleichnisse wie bei Agrestius]; Rufin. hist. eccl. 5, 11, 5; Prosp. in psalm. 103, 13. 14 [PL 51, 292 C]: *cultoribus semen ... verbi seminantibus*; weitere Stellen im Einzelkommentar zu 5 f.: *verbi ... semina*; hier wären noch zu nennen Ven. Fort. carm. 3, 15, 27 f. [69 LEO]: *qui purgas spinis agros sermone colente/et mundata deo surgit ubique seges*; carm. 3, 23 a, 7 f. [73 LEO]: *cuius sermone colente/ecclesiae segetes fertilitate placent*) und fand im Gefolge der Christianisierung des briefspezifischen Lehrer-Schüler-Verhältnisses mit seinem Komplex von Ackermetaphern (Säen: rhetorische Belehrung wird zur Unterweisung in der Orthodoxie; Frucht: literarische Produkte werden zur Festigkeit in der Orthodoxie; Sämann: literarischer praeceptor wird zu dem von kirchlicher Autorität getragenen Verkünder des orthodoxen Kerygma) Eingang in die christliche epistolographische oder panegyrische laudatio. Orthodoxie im Gegensatz zu den Häresien und kerygmatische Tätigkeit sind aber an sich zwei verschiedene Dinge, denen in der Tradition der patristischen Literatur die beiden oben genannten Perikopen zugeordnet sind. Bei der gegenseitigen Durchdringung von beiden und der briefbedingten Inbeziehungsetzung dieser Kontamination auf eine Einzelperson, was die topische Bitte um weitere Belehrung bzw. Briefe zu einer um weiteres Bemühen um die eigene Orthodoxie, d. h. um die gesäte Frucht werden läßt, muß die Pointe der Unkrautparabel, nämlich das Gedeihenlassen des Unkrauts durch den Sämann, d. h. das Fortbestehen der Häresien bis zum Endgericht, fallen (so z. B. auch Ambr. Hex. 3, 10, 44 f.). Die Interpretation bei Matth. 13, 38: *ager ... est mundus* weicht also der Samenparabel bei Luc. 8, 15: *quod autem in bonam terram, hii sunt, qui in corde ... verbum retinent et fructum adferunt*. Die vom Unkrautgleichnis stammende antihäretische Deutung geht inhaltlich auf den vom Samengleichnis

stammenden kerygmatischen praeceptor über bzw. der Ertrag an
gutem Getreide auf die orthodoxe Gesinnung: Cypr. ep. 31, 7 gebraucht das Samengleichnis antihäretisch: *in secretis cordis fidelis
novellandus* (Terminus der Landwirtschaft) *et conserendus est animus* (als untheologische Ursprungsform der Metapher ist Ennod.
ep. 9, 6, 1 [296 VOGEL] daneben zu stellen); das Unkrautgleichnis
schließt an das Samengleichnis assoziativ an bei Oros. apol. 33, 1 f.:
*mittat in agrum suum semen verbum, credat in corde . . . ipse tribuat
incrementum, qui est verus agricola . . . ne inimicus zizania super-
seminare possit.* Das Samengleichnis überlagert inhaltlich das Unkrautgleichnis auch bei Hier. ep. 15, 2 (Briefbitte an Damasus um
Orientierung in den christologischen Kontroversen des Ostens),
wobei es im Lob des Empfängers heißt: *ibi* (im Westen) *caespite
terra fecundo dominici seminis puritatem centeno fructu refert.* Ferner
bei Alc. Avit. ep. 26 (57, 8—12 PEIPER): trotz eifriger Pflege durch
die *culturae dominicae famuli* — im Zuge der Ackermetapher wird
sogar *sollicitudo* (vgl. zu 14: *sollicitus*) *vestra* als Anredeform an
Bischof Stephanus von Lyon gebraucht — wächst *lolium Ariani
germinis* bzw. *facies seminis inimici* (vgl. Matth. 13, 25): die Pflege
des Ackers steht zwar im Widerspruch zur biblischen Deutung des
Unkrautgleichnisses, stammt aber aus der Exegese des Samengleichnisses (vgl. z. B. Prud. contra Symm. 2, 1040 ff.). Die Spitze
bricht Avitus dem Unkrautgleichnis auch hom. 20 (133, 21—23
PEIPER) ab: *lolium dogmatis Arriani* wird in der Gegenwart aus-
gejätet, doch die Unkrautgarben werden bis zum Gericht aufbe-
wahrt. Das Samengleichnis allein, und zwar nur teilweise und
als biblizistischer Überbau in typisch epistolographischer Verwendung (Lehrer-Schüler-Verhältnis, Inferioritätsäußerung) findet
sich wieder bei Ruricius, ep. 1, 7, 2 (an Bassulus, 304 KRUSCH =
360 ENGELBRECHT): *sed quoniam semen vestrum in terra sterili et
dumosa non proficit, utpote quod sentibus supercrescentibus suffocatur*
(vgl. Matth. 13, 7; Marc. 4, 7; Luc. 8, 7). — Agrestius geht vom
Samengleichnis aus. Für ihn dient das Unkrautgleichnis (12) nur
als rhetorisch bedingte Verstärkung (*aut*) zum Ausdruck der ins
Dogmatische gewendeten briefspezifischen Bescheidenheitsäußerung
und gibt damit die Basis für einen weiteren Brieftopos ab, nämlich
die Bitte um Fortsetzung des brieflichen Verkehrs (THRAEDE,
Grundzüge pass. [Ind. s. v. Bitte]), das ist in spiritualisierter Form
die Bitte um weitere geistliche Betreuung, die sich formal aus der
auch bei Prudentius vorgetragenen, modifizierten (Aktivität!) Form
des Samengleichnisses entwickeln läßt.

Einzelkommentierung

5: Das erste Hemistich wie Auson. eid. 1, 1 (30 SCHENKL): *sancta salutiferi*. Zum Unterschied von dort (Beziehung auf *sollemnia*) ist *sancta* hier briefliches Kompliment wie Ennod. ep. 1, 13, 1 (22 VOGEL): *sanctae conscientiae tuae in conservatione amoris veneranda penetralia* (Anrede an Agapitus). Zur Wortverbindung *sancta . . . semina* vgl. carm. adv. Marc. 4, arg. 3: *semine sancto*. Salutifer steht im Hexameter gewöhnlich vor der Penthemimeres. Es ist hier theologisch-konfessionell zu verstehen (Umdeutung wie salutem zu *aeternam salutem* im Briefkopf: vgl. Paul. Nol. carm. 16, 233 [panegyrisch an Felix]: *quemque salutiferum spondebat lingua magistrum/vitaque doctrinae concors*, und besonders carm. 21, 366 [ebenfalls panegyrisch an Felix, hier noch dazu mit Ackermetapher und fingiertem Lehrer-Schüler-Verhältnis, also eine formgeschichtliche Übertragung aus dem Briefstil, was auch einen Schluß auf eine briefspezifische Verwendung von *salutifer* zuläßt: vgl. THRAEDE, Grundzüge 90 über ‚Brief als Arznei‘ und — im Zusammenhang damit — den Gebrauch des Verbums σώζειν]: *prima salutiferis iecisti semina causis*) und paßt in den Brieftopos des Adressatenlobes (zur laus epistolae acceptae vgl. K. THRAEDE, Zu Ursprung und Geschichte der christlichen Poesie II, JbAC 5 [1962] 149; ders. Grundzüge, pass. [Ind. s. v. laus]): Paul. Nol. carm. 10, 5: *salutifer libellus* ist der von Ausonius nach dreijährigem Schweigen übersandte Brief. Das Adjektiv muß hier soviel heißen wie ‚der Sehnsucht Heilung bringend‘ eher als ‚(sehnsüchtig erwartete) Grüße übermittelnd‘, eine Bedeutung, die KLOTZ s. v. annimmt. Stark affektisch sind auch die beiden anderen von ihm angegebenen Briefstellen, Cassiod. Var. 10, 15, 1 (Brief an Kaiser Justinian) und besonders Alc. Avit. poem. 4, 225 (242 PEIPER), *salutifera verba* sind dort die Worte, mit denen der Engel Noe die Botschaft von seiner bevorstehenden Rettung überbringt. Die angenommene Bedeutung wird durch die Antwort des Noe an den Engel in poem. 4, 287 (243 PEIPER) bestätigt: *quisquis . . . nobis tantam spondere salutem . . . venisti*. Die Paulinusstelle erhält durch die Juxtaposition von *felix charta* in ähnlicher Weise eine Bestätigung ihrer emphatischen Komponente.

Salutifer hat also eine Beziehung sowohl zum (an sich brieflichen) Lehrer-Schüler-Verhältnis (außer den beiden Paulinus-Stellen ist aus der Epistolographie im engeren Sinn noch zu nennen: Faust. ep. 2, 1 [266 f. KRUSCH = ep. 9, 211 ENGELB.]: *ad rubiginem*

longa securitate contractam salutiferae limam castigationis admovit
[scil. *dominus*, der die Rolle des geistigen Betreuers übernimmt, wie
ein Vergleich mit der Metaphorik bei Ruric. ep. 1, 3, 7, 302 KRUSCH =
356 ENGELB. zeigt]) als auch zu dem Substantiv *verbum*, von dem
aus im speziellen Fall die Christianisierung des Adjektivs, nämlich
die wörtliche Beziehung der Briefeinleitung auf das (an sich der
Deutung auf das Lehrer-Schüler-Verhältnis zugängliche) Samengleichnis erfolgt: vgl. die oben genannte Stelle Alc. Avit. poem. 4,
225 (242 PEIPER), besonders Licentius ad Aug. (Aug. ep. 26, carm.
146 [CSEL 34, 1, 95 GOLDBACHER]): *scripta salutiferi sermonis*
(panegyrische *laudatio magistri*), sowie einen Brief von Papst
Simplicius an Kaiser Zeno (Coll. Avell. ep. 56, 11 [CSEL 35, 1, 129
GUENTHER]): *salutiferae praedicationis . . . verba capere* (von der
kerygmatischen, auf die Orthodoxie eingeschränkten Tätigkeit; der
Zusammenhang also, in dem auch das Samengleichnis zu stehen
pflegt: siehe S. 56). In synonymem Austausch steht das prosaische
salutaris (*salutifer* ist ein ursprünglich poetisches Vokabel, der
älteste Beleg ist Ciris 477, in der Prosa erst ab Apul. Met. 4, 25) als
Attribut von *verbum* bei Paul. Nol. ep. 29, 3 (mit Anspielungen an
das Samengleichnis: *animam meam . . . spinis meorum sensuum
temere consertam*, und Bitte um Gebete, also spiritualisierte Briefbitte, an Sulpicius Severus): *interveniant orationes tuae, ut animam
. . . dominicae crucis acus inserto verbi salutaris* (= Gebet des Sulpicius!) *filo sarciat*. Infolge der engen Bindung an die Orthodoxie
(vgl. dazu noch den Brief des Lucidus an gallische Bischöfe [in der
Faustussammlung ep. 19, 290 KRUSCH = ep. 2, 165 ENGELB.], wo
der frühere Pelagianer von sich sagt: *salutifera professione me
diluam*) konnte *salutifer* in den Gegensatz zur sapientia mundi
treten: so Salv. gub. dei, praef. 2 (an Salonius): *omnes . . . non id
facere adnisi sunt, ut salubres ac salutiferi* (rhetorische Häufung
von Synonymen), *sed ut scholastici ac diserti haberentur* (Begründung der eigenen schriftstellerischen Tätigkeit mit dem Topos
alii — ego). t r a d i t a paßt einerseits in das Lehrer-Schüler-Verhältnis (*tradere* von rhetorischer Belehrung: Cic. de or. 1, 18, 84;
fin. 2, 14, 1 etc.; Quint. 1, 12, 1), andererseits in dessen Spiritualisierung, da es als Übersetzungslehnwort des griechischen παραδι-
δόναι die in kerygmatischer Tätigkeit erfolgende Weitergabe der
kirchlichen Lehre bezeichnet: vgl. BÜCHSEL, ThWBNT 2, 173, 31 ff.
Speziell angewendet wird der Terminus im Zusammenhang mit der
Übergabe des Glaubensbekenntnisses (traditio symboli) an die
Täuflinge: Aug. serm. 56, 1 (PL 38, 377) als Kapitelüberschrift;

Isid. eccl. off. 1, 28, 2 (PL 83, 763 B), also einer fides, was diese Verwendung in besondere Nähe zu der Situation heranbringt, in die Agrestius sein Gedicht gestellt sehen will (vgl. S. 74): folgerichtig wird *tradere* zum komplementären Begriff von *exponere*, ein Terminus, den Agrestius bewußt in derselben rhetorisch-kirchlichen Zweideutigkeit gebraucht (27; siehe dazu): vgl. Ps. Max. Taur. Bapt. 1 (PL 57, 772 A): *exponimus vobis ea quae ante tradidimus.* verbi...semina: biblische Grundlage ist Marc. 4, 15: *verbum quod seminatum est* (Interpretation des Samengleichnisses). Die Wendung ist häufig: so deutet z. B. Paul. Nol. carm. 27, 262 f. in patristischer Tradition Gen. 30, 37 ff. auf die geistige Fruchtbarkeit als Gegenstück zur Virginität der Allegorie der *mater ecclesia*: *dum ... bibit uvida verbi / semina*; besonders kühne Verwendung bei Paul. Nol. carm. 15, 19 f., wo die dichterische und philosophische Vogelmetamorphose (z. B. Hor. carm. 2, 20) mit der dem poetischen Inspirationsschema eingepaßten Ackermetapher verknüpft ist: *terrena exuimur stirpe et subeuntibus alis/vertimur in volucres divini semine verbi*; vgl. ferner Ambr. expos. in Luc. 7, 85 (CC 14, 241 ADRIAEN = CSEL 32, 4, 317 SCHENKL): *semina verbi caelestis*; Arator 1, 365—369: *da semina verbi/per tua dona coli* etc. Act. 4, 29—31 wird mit dem Unkrautgleichnis kombiniert (Einfluß von *multitudo credentium* von Act. 4, 32, wobei *semina verbi* ein Element aus dem Samengleichnis ist; MCKINLAY, CSEL 72, gibt im Apparat zu *semina verbi* ganz unzutreffend cf. Verg. Aen. 6, 6: *semina flammae*); Arator 2, 368: *semine verbi* (von der Predigt des Paulus: dazu vgl. 2, 757 f.: *lingua colona dei cum semina feta saluti / spargeret* [Samengleichnis von der Predigt des Paulus in Troja]; zu dieser Deutung vgl. z. B. Theodoret. hist. eccl. 1, 23, 8 f.); Loslösung der Wendung aus dem biblisch vorgegebenen Bereich Arator 1, 341: *vox semen erat* (von der creatio ex nihilo in Anlehnung an die semina rerum); Flav. Merob. Christ. 4.

6: Lehrer-Schüler-Verhältnis. Zum ersten Hemistich vgl. Ven. Fort. carm. 7, 16, 23 (171 LEO): *instituit cupiens*. Suscepi corde: *suscipere* ist zunächst ein briefspezifisches Vokabel, das an den Anfang des Briefes gehört und neben dem klassischen *accipere* häufig bei den spätantiken Epistolographen vorkommt, z. B. Cypr. ep. 45, 2; Cornel. ad Cypr. (= Cypr. append. ep. 2); Hier ep. 86, 1; Paul. Nol. carm. 24, 8 (Versepistel); Ennod. ep. 1, 15, 2 (23 VOGEL); ep. 4, 7 (133 VOGEL); ep. 9, 11, 1 (298 VOGEL); vers. Messalae ad Ennod. (Ennod. carm. 2, 144, 269 VOGEL): *suscipe versiculos* (= Ven. Fort. carm. 3, 29, 1 [76 LEO]); Ven. Fort. carm.

3, 18, 1 [70 Leo]: *ardua suscepi missis epigrammata chartis*; carm.
5, ep. ad Martinum 3 (102 Leo): *sancta* (laus epistolae acceptae!
vgl. zu 5: *sancta*) *caritate refertam suscepi crescens epistolam*; carm.
10, 4, 1 (ep. ad Salutarem, 233 Leo): *omni caritate refectas nos ...
suscepisse ... epistulas*. Diese Bedeutung von *suscipere* fehlt in den
Lexika, nur Blaise führt die erste Cyprianstelle an, aber nicht unter
dem Aspekt des briefspezifischen Vokabulars. Das biblische Samengleichnis, das, wie gezeigt, sowohl vom Standpunkt der Topik
des christlichen Briefes aus (äußeres Kriterium) als auch auf Grund
des lexikalischen Befundes (*semina verbi*; 23: *centesima ... lucra*
[inneres Kriterium]) in Kombination mit dem Unkrautgleichnis
(12 f.) die Grundlage für die Christianisierung des Briefvokabulars
und der Briefklischees (*salutifer* bzw. Lehrer-Schüler-Verhältnis,
geistiger Acker) hergibt, wird bei den Synoptikern folgendermaßen
interpretiert: Matth. 13, 19: *venit malus et rapit quod seminatum
est in corde eius*; Marc. 4, 15: *venit Satanas et aufert verbum quod
seminatum est in corde (-a, -ibus v. l.) eorum*; Luc. 8, 12: *venit
diabolus et tollit verbum de corde eorum*; 8, 15: *in corde bono et optimo
audientes verbum retinent* (vgl. 4 Esdr. 4, 30). Das griechische Wort
ist in allen Fällen καρδία. *Cor* steht im Zusammenhang mit dem
Samengleichnis z. B. noch Ps. Clem. recogn. 6, 2 (GCS 51, 188
Rehm): *sermo veritatis, qui est verus et diligens cordis colonus*; 3:
bono semini verbi dei fecundiorem cordis praeparat glebam; Ambr. ep.
8, 14 (PL 16, 915 B); Prud. contra Symm. 2, 1037; Prosp. ingr. 347 f.
(PL 51, 114 B): *Haec semen fidei radicem affigere menti/eque sinu cordis
validum iubet edere germen* (Samengleichnis im folgenden kombiniert
mit Unkrautgleichnis); 475 f. (PL 51, 120 A): *arte colentis / exoritura
seges; neque quidquam cordis in arvo / praesulcet divina manus* (anti-
häretisches Samengleichnis). Allgemein in einer Ackermetapher:
Ambr. expl. psalm. 36, 12 (CSEL 64, 78 Petschenig): *cum venerit
qui seminat verbum ... ne super inculta cordis tui decidat semen ...
mundum sit ergo cor tuum, ut fructum possis afferre*; Paul. Petr.
visit. 3: *sterili ... corde*; lexikalisch ist auch Drac. laud. 2, 61 Corsaro zu vergleichen (von der ‚Empfängnis im Herzen' Marias):
semine quem verbo conceptum corde ferebas (Synonym ist *pectus*
[darüber K. Thraede, Art. Arator, JbAC 4 [1961] 193; Paul. Nol.
carm. 27, 247: *sterili ... pectore*; Hier. ep. 130, 7: *nec in bona terra
pectoris tui sementem lolii avenarumque* [Kombination mit Un-
krautgleichnis] *suscipias*; in Matth. 13, 31 [CC 77, 107 Hurst-
Adriaen]: *animus suscipiens gramen praedicationis ... facit in agro
sui pectoris pullulare*; Ruric. ep. 2, 63, 2 [350 Krusch = 2, 64, 441

ENGELB.]: *partemque pectoris mei, in quo affectum ... suscepi*; ferner ist die Vorstellung vom Empfangen in der Brust auch aus dem epistolographisch-rhetorischen Bereich gedeckt, woher ja der Komplex von der gegenseitigen Befruchtung stammt: Licent. ad Aug. [Aug. ep. 26, carm. 146 ff.]: *scripta salutiferi sermonis et illa priorum / aequiperanda favis* [Adressatenlob mit Bild aus der Rhetorik], *reputans quae pectore in alto / conceptum in lucem vomuisti nectareum mel* [es folgt der Brieftopos absens — praesens mittels übersandter Bücher]). Das Paar verbum — cor begegnet auch sonst (Spielart der infolge der Parechese in den obliquen Kasus so häufigen Antithese cor — os: hiezu nur die verwandte Stelle Paul. Nol. ep. 38, 1: *laetatus sum in his quae scripsisti mihi* [nach Psalm. 121, 1] *et secundum fidem tuam, quam corde conceptam ore testatus sum* [Antithese Wort — Herz im Briefstil bezogen auf die confessio fidei wohl unter dem Einfluß von Rom. 10, 10]): z. B. Paulin. Petr. vita Mart. 1, 281; 4, 394. Zu dem oben Genannten tritt noch der ambivalente Gebrauch von *suscipere*: es ersetzt sowohl das epistolographische *accipere* (siehe oben) als auch — in der Ackermetapher — ein *concipere*: Marc. 4, 20; Luc. 8, 13 sowie an den genannten Hieronymus- und Ruriciusstellen, ferner Greg. Mag. Moral. 17, 25 (PL 76, 26 B): *verba praedicationis suscipit*. Die topische Erwähnung des Briefempfanges wird bei Agrestius zur geistigen Befruchtung, wofür die Ambivalenz des Verbums die lexikalische Brücke abgibt: *suscepi corde = accepi, semina verbi = litteras* (so der Briefanfang von z. B. Aug. ep. 199; 203; vgl. 222): eine genaue sprachliche Parallele bietet Paul. Nol. ep. 35 (Einleitung): *litteras ... in toto, quo desideravimus, corde suscepimus*. Soweit die äußeren Argumente für die Konjektur *corde* anstelle von *corum* (= quorum [darüber CLARK, Collect. Hisp. 100]). Die inneren sind defensiv: das ‚umgekehrte‘ Enjambement kommt in den 49 Versen fünfmal vor (9, 10, 27, 44, 48), doch 9, 10, 27 in starker Emphase, die beim Relativpronomen nicht möglich ist, 48 wegen der fixierten Endstellung von *adeptus* in der Hexameterklausel; in 44 ist das Enjambementwort immerhin ein affektbetontes Adjektiv (Träger der Antithese zu *sacro*). Außerdem stehen *nunc primum* oder *tum primum* nie nach umgekehrtem Enjambement. Vom Standpunkt der Paläographie ist corum (coυχ) als falsche Auflösung eines corde (vgl. cordis in der drittletzten Zeile des Paulinus von Nola-Fragments auf f. 38ᵛ 1) unter Wegfall der Endung der Vorlage erklärbar (so ist das Endungs-e von *velle* in Vers 18 kaum erkennbar).

7: Bezugnahme auf das eigene Schreiben. Zum ersten Hemistich vgl. Ciris 43: *nunc primum teneros* (mit reimender Korrespondenz des Endwortes), wo der Dichter sein Erstlingswerk im Rahmen des rhetorischen Topos der Unfähigkeit (sc. den Messala würdig zu preisen) ankündigt; Calp. Sic. ecl. 6, 52: *nunc primum teneris*; Sil. It. 2, 350: zur Klausel vgl. Cypr. poet. 1, 136: *germine fetus* (wo nur *fetus* ein Attribut hat); 2, 32: *germina fetae* (die Klausel dürfte von Cyprianus poeta selbst stammen, gehört jedenfalls zu seinem Formelbestand [A. STUTZENBERGER, Der Heptateuch des gallischen Dichters Cyprianus, Progr. Zweibrücken 1902/1903, Beiheft S. 11] und kann Agrestius von ihm bekannt sein, da der Heptateuch in Gallien viel gelesen wurde [vgl. S. 19]; die mechanische Zusammenführung zweier übernommener Formeln ist ein zusätzliches Argument für die Beibehaltung des überlieferten Textes [s. u.]); ähnlich Ennod. ep. 1, 3, 1 (9 VOGEL): *feturam . . . de singularibus . . . germinibus* (in der laus epistolae acceptae). Zu *prorumpere germine* vgl. Petr. Chrys. serm. 106 (PL 52, 495 C). Die Schwierigkeit in diesem Vers ist die Beziehung von *tenerum*. Es gibt grundsätzlich drei Möglichkeiten: entweder man liest in Vers 6 *puorum* (sc. *seminum*) und bezieht es darauf, oder man zieht es zu *fetus*. Hier wie dort muß eine nicht belegte sprachliche Erscheinung in Kauf genommen werden: ein Genetiv *tenerum* kommt nicht vor (NEUE-WAGENER, Formenlehre 4³, 353 führen zwar Ennod. opusc. 6 [403, 16 HARTEL] an: der Vers heißt dort im Zusammenhang: *in niveo spargens maculas sis pulchrior ore, / cum sudans tenerum roscida colla feras*. HARTEL vermutet ein ziemlich unverständliches *Venerum*. Es handelt sich aber um einen poetischen Inhaltsakkusativ vom Typus *suave ridens*: der Nacken ist vom leichten Schwitzen wie mit Tau [*roscida*] überzogen). Außerdem ist ja *quorum* nicht zu halten. *Fetus* als Neutrum ist ebenfalls nicht belegt, trotzdem läßt sich für eine Beziehung von *tenerum* zu *fetus* anführen: erstens: *teneri fetus* steht bei: Verg. ecl. 1, 21; Ov. am. 2, 14, 5; Val. Flacc. 7, 375 (ebenfalls an den Hemistichienenden; bei Valerius Flaccus ist die Beziehung von *tener* vor der Penthemimeres zu dem Substantiv in der Klausel die Regel; vgl. auch CLE 1438, 7: *miserum* [vor Penthemimeres] . . . *fetum*); Auson. ecl. 2, 20 (156 SCHENKL); Claudian. rapt. Pros. 3, 142. Der Singular steht bei Sen. Tro. 1094; Min. Fel. 18, 2, also nie im Hexameter. Tener gehört somit, wie es scheint, inhaltlich zu *fetus* (bzw. zu *germen*: Plin. nat. hist. 18, 177: *germinum tenera*; Oros. hist. 7, 6, 8: *tenera Christianorum germina*; trotzdem scheint aber eine Konjektur zu *tenero* — die dritte grundsätzliche Möglichkeit — wegen der zahlreichen Belegstellen für tener[i] fetus nicht am Platz), keinesfalls aber zu *semina*. Zweitens: die Sprache des Agrestius ist von übernommenen Wendungen durchsetzt, die gleichfalls grammatikalischen und metrischen Anstoß erregen (siehe S. 27). Da sowohl das erste Hemistich als auch die Beziehung von tener und fetus konventionell sind, der syntaktisch infolge der Übernahme des Hexameterkopfes *incipit et* im folgenden Vers notwendig gewordene Singular zwar beim Substantiv *fetus*, nicht aber beim Attribut tener im Vers zu gebrauchen war, wird Agrestius ein neutrales *tenerum* gewagt haben; die Genusschwankung ist also rein formal bedingt. Einiges zur Genusschwankung zwischen Maskulinum und Neutrum bei LEUM. HOFM. 1, 368 f.; LEUM. HOFM. SZANT. 426; doch die meisten Stellen betreffen entweder Genusschwankungen in der Morphologie, nicht in der Kongruenz, oder in der Kongruenz zwischen Pronomen und Substantiv. Am nächsten kommt das Grabepigramm der Flavia Nicopolis (CLE 1184 = CIL 6, 18385) 13: in dem in der Hochsprache abgefaßten Gedicht ist flos zweimal Neutrum (weitere Stellen dazu ThlL 6, 2, 927, 67 ff. und BÜCHELER z. St.), einmal Maskulinum (17: dies ist — zum Unterschied von den Neutralformen — formal bedingt, da *haec* klanglich stören würde) — wie bei Agrestius auch *fetus* in Vers 15 als Maskulinum erscheint. Zu neutralem Partizip neben maskulinem Substantiv vgl. V. BULHART, CC 9, praef. III 19 γ. Daß die kontaminatorische Technik mitunter zu Verstößen gegen die Grammatik führt, zeigt z. B. ARATOR 1, 10 (vgl. THRAEDE, JbAC 4 [1961] 194). Ein allgemeines Argument wäre noch die Beobachtung, daß eine hochgestochene Sprache gegen grobe Unsicherheiten in der Grammatik nicht unanfällig ist, wie der Akkusativ statt des Abl. abs. bei Hil. Gen. 94 (CSEL 23, 234 PEIPER) zeigt (neben einem poetischen Abl. loci).

   8: in cipit häufig in einem (inhaltlich bedingten) Enjambement (vgl. 27: *incipiam*), mitunter gefolgt von et (z. B. Ov. Met. 9, 523). Zu sterilis als Vokabel der (epistolographischen) Selbstherabsetzung vgl. Paul. Nol. carm. 27, 247. V i n c e r e . . . s u l c o s: gemeint ist das Stadium des Getreides nach dem ,*sulcos aequare*' (Verg. Georg. 1, 113). Der Ausdruck ist das Ergebnis einer Zitat-Straffung von Verg. Georg. 2, 518: *proventuque oneret sulcos atque horrea vincat* (sc. *annus*). Die Vergilimitation in der Einleitung ist rein formal (das spricht für die vorgetragene Datierung auf die Mitte des 5. Jhdts.: vgl. THRAEDE, JbAC 4 [1961] 192) und hat ihren Grund im Thema (Landwirtschaft). Zur Vergilimitation in den landwirtschaftlichen Gleichnissen siehe S. 56 (zu Hier. contra Pelag. 1, 13). In antihäretischem Zusammenhang steht eine Wendung aus Verg. Georg. 3, 315 bei Alc. Avit. hom. 20 (133, 29 PEIPER): *horrentem rubum*; Cypr. poet. 1, 121 bringt in der Verfluchung Adams Elemente von Verg. ecl. 5, 39: *carduus et spinis surgit paliurus aculis.* Vgl. auch Prud. contra Symm. 2, 1035 ff.

9 f.: Ex: Nach dem Ausfallen der Präposition hat die zweite Hand aus *quo* (sc. fetu) *si* gegen die Metrik ein *Quodsi* herzustellen versucht. Si quidquam ist ungefähr gleich quidquid (10): vgl. si quis = quisquis, z. B. Anthol. Lat. 1, 2, 500 (60 BÜCHELER-RIESE). Sehr ähnlich — auch formgeschichtlich — Arator, ep. ad Vigil. 28—30: *Respice* (vgl. Vers 15) *quod meritis debita solvo tuis. | Te duce tiro legor, te dogmata disco magistro | Si quid ab ore placet, laus monitoris erit.*

11: noster ager ist gleich nostrum ingenium oder carmen nostri ingenii als Bescheidenheitsäußerung (vgl. ‚auf dem eigenen Mist gewachsen‘). Der Vergleich Acker/Geist (Ovid, siehe S. 54) bzw. später die Metapher bezieht sich auf die mangelhafte sprachlich-stilistische Form (incultus sermo) als das Produkt eines ungepflegten ingenium: so paßt sie auch in die Situation der spätantiken Epistolographie (literarische Beurteilung der Werke des Briefpartners, siehe S. 16). Stilistisches wird hier in den konfessionellen Bereich übertragen (siehe zu *suscepi*). Zur Dichtung als Ackerfeld vgl. noch carm. Vergil. PLM 4, 188, Nr. 193, 3 f. BÄHRENS: in einer Synkrisis von Homer und Vergil wird dem Blachfeld der Ilias (*immensos . . . campos*) der eigene kleine, aber gepflegte Acker (*at minor est nobis sed bene cultus ager*) gegenübergestellt, wodurch die Metapher einen aktuellen Bezug erhält; ferner THRAEDE, Art. Arator, JbAC 4 (1961) 189. tenui cespite: vgl. Alc. Avit. poem. 2, 5 (212 PEIPER): *tenui de cespite.* Zur Schreibweise vgl. die Notiz bei Serv. auct. zu Verg. Aen. 11, 566, daß Valerius Probus die diphthongische und die monophthongische Form zugelassen habe. Auch die Acta Arvalium vom Jahre 218 bieten A 19 und A 25 die monophthongische Form (CIL 6, 2104). Vgl. ferner Avian. fab. 16, 7; Sedul. ep. ad Maced. 1 (CSEL 10, 2, 13 HUEMER); Anthol. Lat. 1, 2, 658, 15, 131 BÜCHELER-RIESE; öfter auch in christlichen Inschriften (vgl. ThlL 3, 110, 39).

12: aut: zur additiven Kompositionstechnik des Agrestius siehe S. 28. Agrestius geht zwar 5 f. vom Samengleichnis aus, doch ist die Kontamination mit dem Unkrautgleichnis in der patristischen Literatur vorgebildet (siehe S. 57 f. und Ambr. expos. Luc. 8, 48

[CC 14, 315 ADRIAEN= CSEL 32, 4, 414 SCHENKL]). Die beiden Schemata ‚Lob des Adressaten — eigene Herabsetzung' (rhetorisch-epistolographisch) bzw. göttlicher und satanischer Samen (biblisch), beide konfessionell bezogen auf die Antithese Orthodoxie—Heterodoxie, bewirken, daß nach dem Zusammenfallen von göttlichem Sämann und Adressaten die Alternative eigene Person — Satan übrigbleibt, die nicht wie die jeweils ersten Glieder der beiden Schemata in eins gelegt werden kann, so daß das Verhältnis 1:2 herauskommt. Lolium infelix: nach Verg. Georg. 1, 154 (vgl. Iuvenc. 3, 7; Prosp. ingr. 350 [PL 51, 114 B]: *ne lolium et tribuli et vanae dominentur avenae*: in beiden Fällen im biblischen Samengleichnis; zur Verwendung durch Hieronymus in demselben Zusammenhang siehe HAGENDAHL, Latin Fathers 106). Die Partizipialkonstruktion *lolium infelix permiscens* — inhaltlich überflüssig — ist klassizistische Überhöhung des biblischen Vokabels *zezania*. Die Synonymik lolium/zizania zeigt deutlich Commod. instr. 2, 10 (14) tit.: *De lolii semine*; 2, 10 (14), 7: *lolium igne cremetur* (nach Matth. 13, 30); Alc. Avit. ep. 26 (57 PEIPER) und die Glossen, z. B. CGlL 3, 630, 60.

13: furtim: nach Matth. 13, 25: *cum autem dormirent homines*; vgl. Prud. Apoth. praef. 45: *qui laeta Christi culta fur interpolat* (vielleicht ist wirklich nach Barthius *furtim* zu lesen; unsere Stelle würde die Konjektur stützen). zezania: zu dem (biblischen) Wort CH. MOHRMANN, Die altchristliche Sondersprache in den Sermones des hl. Augustin, Lat. Christ. Prim. 3 (1932, Nachdruck 1965), 54 ff.; M. LAVARENNE, Étude sur la langue du poète Prudence, Paris 1933, § 1269. Die Schreibung mit e kann gehalten werden: vgl. carm. cod. Maihing. 6 (Anthol Lat. 1, 1, 6 a, 30 BÜCHELER-RIESE): *zĕzānia*; Ven. Fort. carm. 5, 2, 41 (105 LEO): *de satione dei zezania vulsit amara* (von der Aktivität Martins von Tours): Langmessung wie an unserer Stelle; die e-Form setzt ein kurzes i, das zu einem kurzen e geöffnet wurde, voraus (gr. ζῑζάνια). Tatsächlich ist aber ein solches, soweit ich sehe, nicht zu belegen (MEYER-LÜBKE, REW 9627: zīziphus [vom selben arabischen Stamm] ist in den Wörterbüchern ebenfalls nur als zīziphus angegeben). Verbreitet ist dagegen die Längung des betonten a (z. B. Prud. Apoth. praef. 56), da das Wort als nicht klassisch keinen metrischen Schulregeln unterworfen war. Daraus und aus der Bildung zizania, -ae (Aug. serm. 134, 2 f. MAI; Cassian. c. Nest. 1, 2, 1) geht aber hervor, daß das Wort in hohem Maß der Vulgarisierung in der Morphologie ausgesetzt war, im Zuge derer

gemäß dem exspiratorischen Akzent des Spätlateins das vor-
tonige i gekürzt (LEUM. HOFM. 106; 184) und zu e geöffnet wurde.
Die Langmessung des e ist sekundär und verhindert keine Schlüsse
auf die Kürzung des vortonigen i, denn wenn die Dichter, was
wahrscheinlich ist, bei diesem Wort keine quantitierende Metrik
beachten, dann ist die Längung ja ohnehin nur scheinbar, andererseits, wenn sie den äußeren Regeln der quantitierenden Metrik
auch hier folgen sollten, dann wäre die Längung der Silbe, nicht
des Vokals, infolge des Doppelkonsonanten z auch theoretisch
gerechtfertigt. Für die Quantitäten von Stammsilben vor ein-
fachem Vokal existierten ja keine Regeln, so daß die Dichter das a,
wenn es den Akzent trug, bedenkenlos längen konnten. Prosp. ingr.
931 (PL 51, 144 A) dagegen erscheint es, da es nicht den Akzent
trägt, kurz. Spuren exspiratorischer Akzentuierung zeigt auch die
Behandlung anderer mit dem Christentum eingedrungener und
daher von der klassischen Metrik her nicht normierter Fremd-
wörter: in idolum (idolium) wird das o immer kurz gemessen,
was in den Indices rei metricae der Ausgaben dann als ‚Verstoß‘
erscheint, in Wirklichkeit aber der Niederschlag der aus dem bereits
mit exspiratorischem Akzent gesprochenen Griechisch übernehr-
menden Volkssprache ist (Stellen ThlL 7, 1, 226, 5). Ebenso ist
das zweite e in heremus immer kurz (ThlL 5, 2, 747, 57—60). Ein
ähnliches, da ebenfalls die tatsächliche Aussprache berücksichti-
gendes Phänomen im Zusammenhang mit einem spezifisch christlichen Vokabel zeigt z. B. auch das PL 13, 416 B—C (Damasusappendix) gedruckte hochsprachliche Gedicht, in dessen Schluß-
pentameter die Form zabulus, die auch Commodian gebraucht, vorkommt.

14: Die briefspezifische Bitte um weiteres Schreiben hat
hier im Zuge der Spiritualisierung (siehe zu 11: *noster ager*)
folgerichtig die Form der Bitte um weitere Ackerpflege, d. h.
Seelsorge. Zum ersten Hemistich vgl. Orient. Comm. 1, 209: *tu
quoque sollicitus … excipe* (vgl. *suscipe*). Tu modo ist am Hexameterkopf häufig: Verg. Ecl. 4, 8; Georg. 3, 73; Aen. 2, 160;
4, 50; Aetna 144; Auson. 2, 21 (ep. ad Theodos., 2 SCHENKL)
etc., an den beiden letztgenannten Stellen sicher vergilianisierend,
in der Aetna schon vom Genus her, bei Ausonius durch die Klausel *Romane memento* (Verg. Aen. 6, 851) wahrscheinlich gemacht.
Die pathetische Anrede dringt auch in die spätlateinische Kunst-
prosa ein: Sid. Apoll. ep. 2, 10, 5 (34 LUETJOHANN). Sollicitus:
Ambr. expl. psalm. 36, 12 (CSEL 64, 78 PETSCHENIG): *agricola …*

pervigili sollicitudine exercet agrum suum; Alc. Avit. ep. 26 (57 PEI-
PER): *pervigilibus sollicitudinis vestrae studiis* (vom Ausjäten des
häretischen Unkrauts durch Stephanus von Lyon). Sollerter:
vgl. Orient. Comm. 2, 54: *sollers . . . agricola* (Samengleichnis); Alc.
Avit. hom. 19 (133 PEIPER): *manipulos* (vgl. 22) *gaudiorum . . .
sollertia ruralis . . . spiritalis fecunditas fructus.* Curam: neben
sollicitus z. B. Lucan. 2, 5; Claudian. 3, 212 (MGH auct.
ant. 10, 26 BIRT): *sollicitum curis.*

15: Agricolae im Enjambement mit folgender Synalöphe
auch Verg. Georg. 1, 101. Paulisper respice: spiritualisierte
Bitte um weitere rhetorische Betreuung: Symm. ep. 9, 88, 2 (260
SEECK): *tu tantum (= tu modo) bona venia respice obsequium linguae
inopis (= noster ager tenui cespite) et paulisper imperialis magistri
submitte iudicium*; im Dedikationsproömium steht *respicere* bei
Arator, ep. ad Vigil. 28 (Lehrer-Schüler-Verhältnis). Fetus ist
trotz des handschriftlich überlieferten *fetos* zu schreiben (die Form
ist nur Iord. Get. 220 belegt), da die morphologische Besonderheit
weder durch die kontaminatorische Technik (wie *tenerum . . .
fetus* in 7) noch durch die christliche Sprachschicht (wie *zezania* in
13) erklärbar wäre, andererseits die klassischen Beispiele für *fetus*
in der Hexameterklausel sowie die u/o-Vertauschung in der Handschrift sehr häufig sind.

16 f.: Ac ne als Hexameterkopf z. B. Hor. ep. 1, 1, 13; 18, 58;
2, 1, 208. Generosis: siehe zu 9 f. Die Klausel nach Verg. Georg.
1, 69: *obficiant . . . ne frugibus herbae* (Agrestius ersetzt das Attribut
von frugibus, *laetis*, durch das stärkere *generosis*; zum Enjambement von *obficiant* vgl. Verg. Georg. 1, 121); die Klausel auch noch
Ov. Fast. 2, 293; Coripp. Ioh. 2, 304; zu *vincatur* vgl. Orient. Comm.
2, 58: *seminibus victis.* Avenae als Schädling der seges: Plin. nat.
hist. 22, 161; Galen. Alfab. 32.

18: Agrestius führt 12—18 ein Paradestück rhetorischer
Synonymaverwendung vor, indem er für Unkraut gebraucht:
*lolium infelix, zezania noxia, lascivae herbae, viles avenae, squalentes
tribuli, gramina noxia* (die Tendenz ist schon Verg. Georg. 1, 152—
154 angedeutet: *carduus, lappae, tribuli, infelix lolium, steriles
avenae*); zu *gramina noxia* vgl. Orient. Comm. 2, 57: *gramina noxia
messi*; Cod. Theod. 9, 38, 6. Zum Ausjäten des Unkrauts aus dem
geistigen Acker vgl. Hor. ep. 1, 14, 4: *certemus spinas ego fortius an
tu/evellas agro* (Aufforderung an seinen vilicus zum Agon; der aktua-
lisierte Topos vom geistigen Acker ist dort, soweit ich sehe, nicht erkannt). *Tribuli* zwischen *lolium* und *gramen* auch Ov. Met. 5, 485.

70 K. Smolak

19: erweiternde Fortführung des Gedankens ‚Ackerpflege'. Rastris gravibus Verg. Georg. 1, 496; danach Ov. Ars 1, 726; Colum. 10, 71: *Tu gravibus rastris cunctantia perfode terga*; Sen. de spe 55 (PLM 4, 67 Bährens): an sämtlichen Stellen steht *gravibus* vor *rastris* (Seneca ebenfalls zwischen C 3 und C 5). Im vorliegenden Fall würde die Beibehaltung dieser Wortfolge das Versschema sdss ergeben, das Agrestius offenbar meidet (siehe S. 31). Circumfode ist Terminus des Gartenbaues, der erst Carm. de Sodoma 67 (CSEL 23, 215 Peiper) in eine Dichtung aufgenommen wird. Als Bezeichnung für das Jäten sonst nicht belegt (daß dies mit dem Ausdruck gemeint ist, zeigt nicht nur der Kontext, sondern auch die ähnliche Passage Verg. Georg. 1, 154 f., wo auf die Erwähnung von lolium und avenae folgt: *quod nisi et adsiduis herbam insectabere rastris*, also das praeceptum des Ausjätens mit rastri). Die semantische Besonderheit mag auf Stellen wie Verg. Georg. 2, 354 f. zurückgehen: *seminibus positis superest diducere terram / saepius ad capita et duros iactare bidentis*; Serv. auct. kommentiert z. St.: *dicit autem circumfodiendum esse et ad ipsa capita plantarum terram adducendam* (vom Weinbau): hier erscheint circumfodere zur Bezeichnung der Tätigkeit nach der Aussaat. Bemerkenswert ist ferner, daß das mit circumfodere kommentierte diducere terram mit den duri bidentes, was ungefähr den rastri graves entspricht, vorgenommen wird. Die spätlateinische Eigenart, die Präposition eines Verbalkompositums unscharf zu fassen, mag Agrestius veranlaßt haben, *perfode* (Columella) durch *circumfode* zu ersetzen.

20: soli gremium: vgl. Verg. Aen. 3, 509: *gremio telluris*; iam libera an derselben Versstelle bei Iuvenc. 2, 522.

21: zum versus spondiacus mit dem viersilbigen Klauselwort increment- vgl. Lucan. 10, 216; Prud. Apoth. 285; Prosp. ingr. 474 (PL 51, 120 A); Anthol. Lat. 1, 2, 723, 31, 209 Bücheler-Riese etc.

22: ancxia: die Orthographie der Handschrift kann beibehalten werden: vgl. Anon. epigr. PLM 3, 271, 25 Bährens. Vota im Zusammenhang mit der Ernte: Verg. Georg. 1, 47; Prud. Symm. 2, 963; Mar. Victorius 1, 513; besonders 2, 81 (Vergilimitation); *anxia vota* auch Apul. Met. 4, 26. maniplis: Stellen zur Synekdoche manip(u)lus = messis ThlL 8, 1, 317, 10 ff. Die Form -icl- (m^2) ist athesaurisch. Die in der Klausel übliche Form ohne die Vokalanaptyxe wird, soweit den kritischen Apparaten der Ausgaben zu entnehmen ist, durchwegs mit der labialen tenuis geschrieben. Die Form mit der gutturalen tenuis wäre laut-

geschichtlich möglich: für manuclus — von G. GRÖBER, ALL 6
(1889) 392 theoretisch erschlossen — bringt W. SCHULZE, ALL 8
(1893) 134 einen epigraphischen Beleg (vgl. WALDE-HOFMANN,
LEW 2³, 29, wo die Schreibweise -icl- ebensowenig aufscheint
wie in den Texten). Der Austausch der Konsonantengruppen
könnte unter dem Einfluß von Synkopen wie periclum entstanden
sein. Hier ist freilich *maniplis* ursprünglich.

23: Infolge des Einbauens des Unkrautgleichnisses in das
briefliche Lehrer-Schüler-Verhältnis ergibt sich eine Zweideutigkeit: einerseits ist der Lehrer der Sämann und damit der Besitzer
des Ernteertrages, andererseits Christus im Sinne der im NT gebotenen Interpretation (Matth. 13, 37: *qui seminat bonum semen
est Filius hominis*). Das Problem löst Agrestius ziemlich plump
durch einfache Beiordnung von Christus und dem Adressaten, wobei Avitus das grammatische Subjekt bleibt. Zur Stellung der
Apposition mit Endreim vgl. Verg. Aen. 1, 282: *Romanos, rerum
dominos*. Centesima (lucra): die hundertfältige Frucht nach dem
Samengleichnis Matth. 13, 8; Marc. 4, 8; auch an nicht biblisch
beeinflußten Stellen als runde Zahl des Feldertrages: Solin. 27, 6:
cum incremento (vgl. 21) *centesimae frugis*; Mart. Cap. 6, 670:
centesimo messis incremento; Ennod. ep. 5, 14, 2 (183 VOGEL):
quamvis memoria mea ad centenos se non valeat fructus extollere (in
brieflicher Bescheidenheitsäußerung); Ven. Fort. carm. 4, 1, 25
(80 LEO): *semina iactavit centeno pinguia fructu* (hier ist kaum mit
biblischem Einfluß zu rechnen). Laetus steht im Zusammenhang
mit der Ernte in einer der Ursprungsbedeutung näher stehenden
Metonymie, die aber eine Intention auf die ursprüngliche Verwendung auch für unsere Stelle vermuten läßt: Auson. ecl. 3, 19
(11 SCHENKL): *et qui sementis per tempora fenore laetus / October
cupidi spem fovet agricolae*.

24: lucra...fructuque: zum Vers ab C₃ vgl. carm. de
ligno vitae 55 (PL 2, 1114 C): *fructumque sui cepere laboris*; zur
Klausel vgl. noch Anthol. Lat. 1, 1, 103, 7, 126 BÜCHELER-RIESE
(=PLM 4, 284 Nr. 291 BÄHRENS): *patiere labores*. Das biblische fructus, das auch selbst gerade neben labor in rhetorisch-literarischem
Sinn verwendet werden konnte (s. u. die Sidoniusstelle), wird durch
den rhetorisch volleren Doppelausdruck ersetzt, wobei *lucra* aus der
brieftopischen Metapher des faenerari stammen dürfte, *fructus* von
der eigentlichen (Bibel) zur übertragenen Bedeutung überwechselt.
Zur Kombination von Acker- und Zinsmetaphorik vgl. z. B. Sid.
Apoll. ep. 2, 10, 1 (33 LUETJOHANN; an Hesperius, v. J. 469/70):

fructum nostri laboris adipiscimur ... (5) *tu modo fac memineris
multiplicato me faenore remunerandum.* Eine lexikalische Parallele
innerhalb des Topos ‚faenerari' ist Faust. ep. 16, 3 (an Felix, 282
KRUSCH): *opera vestra de nobis capiunt lucrum* (vorher: *cum fenera-
tores nostri sitis, incipitis nostri esse debitores*). Zu l a b o r im Acker-
gleichnis vgl. z. B. Petr. Chrys. serm. 53 (PL 52, 348 A): *rustico* ...
spe longi laboris eluso.

    25—28: Überleitung zum Hauptstück mit dem Höflichkeits-
topos der Rhetorik ‚ne sim longus' (25—27) und der Fiktion einer
öffentlichen professio fidei catholicae (28). Die professio fidei und
die Situation des Agrestius in Häretikerverdacht dienen nur als
Motivierung für das christliche Lehrgedicht wie die Scheinaktualität
der Häresien für die Lehrgedichte des Prudentius. Im ‚Ernstfall'
hätte Agrestius wohl eine prosaische fides, bestenfalls in Briefform
(siehe S. 26) vorgelegt. Zu der Ursprungsfunktion des Topos, die
Vermeidung des taedium beim Leser bzw. Hörer, hat K. THRAEDE,
Untersuchungen zum Ursprung und zur Geschichte der christlichen
Poesie III, JbAC 6 (1963) 108 ff. Beispiele gebracht. Die dichterische, auch lexikalisch nachwirkende (okkasionelle Bedeutung
von exorsa = exordia) Vorlage ist wieder Verg. Georg. 2, 46: *non hic
te* ... *per longa exorsa tenebo.* Der Finalsatz stammt aus den zu-
sammenfassenden κεφάλαια, die ja ebenfalls den Zweck eines Ab-
schlusses oder einer Überleitung (z. B. Prud. Apoth. 175—177)
erfüllen, wodurch sie zu unserer Stelle in enge formgeschichtliche
Beziehung treten: vgl. z. B. Tert. apol. 10, 6; Lact. opif.
19, 9: Capitula in Form von Finalsätzen. Der Topos steht bei
Vergil in sehr ähnlichem Zusammenhang, nämlich als Überleitung von der hochpathetischen Apostrophe an Maecenas mit der
Bitte um Beistand (Maecenas tritt an die Stelle der Musen: 39ff.),
wie sie Agrestius an Avitus richtet, und dem Topos ‚pauca e multis' (formgeschichtlich richtig gedeutet von W. KROLL, Studien zum
Verständnis der römischen Literatur, 189) zur Darstellung des
Gegenstandes. S u s p e n s u m ist aus der Addition der Georgica-
stelle mit Verg. Aen. 6, 722 hereingekommen, wo ebenfalls die Darstellung eines philosophischen Weltbildes exponiert wird (Anchises
erklärt den Kosmos auf stoischer Basis): *dicam* ... *nec te suspensum
* ... *tenebo.* Vgl. ferner Cic. Cluent. 3: *ne* (Finalsatz!) *diutius oratione
mea suspensa expectatio* ... *teneatur, adgrediar.* R e c t i c o r d i s s e c r e-
t a: rhetorische amplificatio von *cordis secreta* (Cypr. zel. et liv. 7; ep.
31, 7: *in secretis cordis fidelis novellandus et conserendus est animus*:
mit antihäretischer Ackermetaphorik [cor fidele ist ungefähr gleich

cor rectum; fidelis ist an unserer Stelle neben *catholica* und *recti* weitere Intensivierung des Ausdrucks in Form eines Prädikativs]; Iuvenc. 2, 488; 3, 146 [beide Male an derselben Versstelle wie hier]). *Secreta* entspricht μυστήρια („Glaubenswahrheiten'), das gewöhnlich mit sacramenta wiedergegeben wird; zu *secreta* in der Bedeutung sacramenta vgl. Optat. Mil. 5, 3 (CSEL 26, 123 ZIWSA): *christiana* (ist ungefähr gleich *catholica*) *nosse secreta.* Die Gleichung mysteria = secreta ist nicht christlich: vgl. schon Ov. Met. 2, 556. Die mehr technische Bedeutung ersetzt hier die in der Wendung *cordis secreta* ursprüngliche. Die oben genannte amplificatio geht über die Kombination mit der Wendung *cor rectum* (Vulg. 4 Reg. 10, 15; Aug. pass.; rectus übersetzt ὀρθόδοξος, dem sich übrigens catholicus sehr nähert, so daß dies CGlL 4, 213, 14; 5, 272, 55 mit rectus paraphrasiert wird; Aug. serm. Guelf. 11, 4 [3] ed. MORIN, Misc. Agost. 1, 477: *catholici orthodoxi nominati sunt: orthodoxon graece, latine rectum est*; CGlL 5, 127, 31; Isid. etym. 7, 14, 5). Incipiam: vgl. zu 8. Promto sermone: entspricht inhaltlich sine ambage und gehört daher in den Topos von 25. Zum Ausdruck vgl. GUDEMANN zu Tac. dial. 2, 5 (mit Stellen; hinzuzufügen ist Ven. Fort. vita Mart. 2, 397 [327 LEO]: *sermo pius promptus placidus* etc.: durch *pius* christianisierte Charakterisierung der idealen Beredsamkeit). Exponere: rhetorischer Terminus (ἐκτίθεσθαι; expositio = ἔκθεσις: O. HILTBRUNNER, ThlL 5, 2, 1762, 59 ff.; 1763, 66 ff.); von da aus erklärt sich auch die Verbindung mit einem modalen *sermone* (dem jeweiligen Gegenstand angemessene Redeweise): vgl. Hier. ep. 46, 11, 1: *quo sermone . . . tibi possumus . . . exponere.* Ebenso wie *tradere* in Vers 5 ist auch *exponere* sowohl rhetorischer als auch kirchlicher Terminus, das Substantiv expositio (ἔκθεσις) bürgert sich als Ausdruck für die Glaubensdarstellung ein (siehe LAMPE, Patristic Greek Lexicon s. v., Bedeutung 3 b; HILTBRUNNER, ThlL 5, 2, 1775, 23 ff.): dabei liegt kein lexikalischer Bruch vor, da expositio ja eine Formalbedeutung hat, und es gleichgültig ist, welcher Gegenstand ‚exponiert' wird. Vgl. z. B. Tert. Prax. 27; Ps. Hil. libell. 2 (PL 10, 734 C); die Verwendung erscheint erwartungsgemäß besonders häufig im Zusammenhang mit Konzilien oder in polemischen Schriften (Material bei HILTBRUNNER, ThlL 5, 2, 1765, 31—44, wovon Rufin. Adamant. 3, 1: *expone, quomodo credis* wegen der Nähe zu unserer Stelle hervorgehoben sei). Von der Beziehung der expositio zur orthodoxen confessio fidei (Formal/Real-Beziehung) her wird auch die Wendung an die Allgemeinheit in Vers 28 verständlich, da die expositio einer

Einzelperson der Öffentlichkeit zugänglich sein mußte: z. B. Concil. ᵍI, 3, 199, 6 SCHWARTZ (Übersetzung von Turibius von Astorga): *coram ecclesia exponens*. Agrestius verschmilzt also das kirchliche Glaubensbekenntnis (Motivierung des Gedichtes) mit der rhetorischen Bedeutung: die expositio folgt dem exordium (25: exorsa; vgl. LAUSBERG § 289) als narratio: vgl. Cic. inv. 1, 19, 27; Quint. 4, 2, 31: die zu exponierenden res gestae sind durch die fides catholica ersetzt. Zu *incipiam* vor der narratio ist zu vergleichen Verg. Aen. 2, 13. Quisquis: Wendung an die Allgemeinheit; häufig in stilisierten Grabinschriften, z. B. der Grabinschrift des Ovid, 4: *quisquis amasti* (hier durch *amans deum* ersetzt; vgl. Anthol. Lat. 1, 2, 487 d 1, 40 BÜCHELER-RIESE: *quisquis amat*; ep. Did. ad Aen. [PLM 4, 271, praef. 1]: *Sic tua semper ames, quisquis pia vota requiris*); Paul. Petr. vers. de orant. 1 (CSEL 16, 165 PETSCHENIG); Ven. Fort. carm. 10, 5, 1 (234 LEO). Vor einem syllabus fidei wie hier bei Commod. carm. apol. 89: *Adgredere iam nunc, quisquis es, perennia nosse*. Ebenfalls als Einleitung in didaktischer Umformung bei Orient. comm. 1, 1: *quisquis ad aeternae festinas praemia vitae*. Betonte Schlußstellung von *audi* wie Sid. Apoll. carm. 2, 357 (182 LUETJOHANN).

29—49: Allgemeines

Expositio fidei catholicae als narratio, bestehend aus: confessio trinitatis (29—31), Schöpfung und Sündenfall (Heilsgeschichte; 32 ff.). Die confessio trinitatis als Exposition weicht vom Schema der Symbole ab, in denen gewöhnlich im Zusammenhang mit den einzelnen Personen deren Taten genannt werden (so im Apostolicum und im Nizänokonstantinopolitanum) oder, wie im athanasianischen Symbol (DENZINGER-UMBERG 17 f.), die Aretalogie zugunsten theologischer Identitätsaussagen unterbleibt. Agrestius folgt dem Typ der hymnischen Bekenntnisformeln, die sich von der Bibel herleiten, mit einer Schöpfungsprädikation im Relativsatz (Psalm. 145, 6; Act. 4, 24; 14, 14; ähnlich Apoc. 14, 7; zum Formproblem dieses Typus vgl. Der dreifache Zusammenklang, Wr. Stud. 84 [1971] 182, mit Stellen in A. 12), wobei statt des einfachen Dominus ein theologisch ziemlich allgemein gehaltener trinitarischer Syllabus steht. Ein solcher findet sich auch mitunter als propositio mit pädagogischem Zweck bei Commod. carm. apol. 91—94 und in explizit antihäretischen Symbolerklärungen: so in der fides Romanorum (CC 69, 267 f. BULHART) und einer fides catholica (ebd. 271 f.). Vgl. auch Ambr. fid. 1, 1, 10 (CSEL 78

Faller) und — in die Formtradition der Lehrepik aufgenommen — den trinitarischen Hymnus, den Prudentius seinen Lehrgedichten voranstellt (Hym. tr.). Die formgeschichtliche Voraussetzung für die Aufeinanderfolge von Trinitätsbekenntnis und Schöpfungsbericht bilden unmittelbarer als die biblischen Bekenntnisse die hymnischen Genesisdichtungen, bei denen auf die trinitarische Prädikation das Hexameron als Aretalogie folgt, wie Hil. Gen. 7 ff. (CSEL 23, 231 Peiper), Mar. Victorius 1, 1 ff. (CC 128, 130 Hovingh; bei Marius Victorius hat sich der Hymnus soweit verselbständigt, daß er sowohl entsprechend der didaktischen Dichtung am Anfang des Werkes, als auch als precatio vor dem Gedicht steht); Cento Prob. 29 ff. Mit diesen Dichtungen hat Agrestius auch die einleitende dedicatio gemeinsam: die epistolographische Form ersetzt die Zueignung an Papst Leo d. Gr. (Hil.), an Kaiser Arcadius (späteres Vorwort zum Cento Probae; siehe Schenkl, CSEL 16, 515), an Gott (Marius Victorius). Gregor von Nazianz stellt sogar das Kosmosthema ganz in den Dienst der Theologie (carm. 1, 1, 4 [PG 37, 415 A]): Die Gedichte 1 bis 3 behandeln je eine Person der Trinität. Unter dem Gesichtspunkt der Ewigkeit bzw. Zeitlichkeit sind die Trinitätsverse und das kosmologische Gedicht zusammengearbeitet, gleich mit der lateinischen Tradition ist nur die Abfolge Gott — Welt. Dasselbe Schema wie Agrestius zeigt unter den prosaischen expositiones fidei die fides catholica, die unter dem Namen des Boethius überliefert ist (ed. E. K. Rand, Cambridge [Mass.] 1946, 52 ff.).

Einzelerklärung

Prud. Apoth. 895 formuliert den fundamentalen Satz der orthodoxen Christologie (siehe etwa Filastr. 99 [= 127] 7 [CSEL 38, 93 Marx]: ... incurrit [sc. haeresim] ... ingenitum filium confitendo) durch Parechese und Epizeuxis: ingenitus genitusque deus (vgl. Conc. [s] I 5, 345, 32 f. Schwartz: ingeniti et geniti), Agrestius durch Erweiterung der kürzesten trinitarischen Formel pater, filius, spiritus sanctus um Zusätze, und zwar ingenitus, Christus (zu dieser Zeit schon Eigenname) und einen christologisch orientierten Relativsatz (steigende Glieder). In 29 stehen die trinitarischen Grundwörter und die theologischen Zusätze chiastisch. Filius erhält den theologischen Aussagewert von genitus (vgl. die Prudentiusstelle), explizit z. B. Hil. in psalm. 121, 8: filius unigenitus ingeniti. Est: affirmative Spitzenstellung des theologischen Präsens des verbum substantivum: Stellen dazu bei Rouët de Journel, En-

chiridion 763; als Einleitung eines trinitarischen Syllabus bei
Commod. carm. apol. 91: *est deus omnipotens, unus a semet ipso
creatus*; Ven. Fort. carm. 5, 5, 41 f. (Bekehrung von Juden durch
Bischof Avitus): *est deus, alta fides.* Die Epanalepsis stammt aus
Katalogen, z. B. Append. Verg. Copa 20; Prud. Apoth. 230: *est
deus, est et homo* (stark emphatisch). Prud. Hym. tr. 1 beginnt mit
allerdings nur kopulativem *est* (syntaktisch bedingte Abwandlung
der Bekenntnisform). — Die theologische Aussage der Verse 19—31
ist auf die Einheit des ungezeugten Sohnes und des gezeugten Vaters beschränkt, den Hauptpunkt der sich in der arianischen und
sabellianischen Kontroverse bewegenden Schriften de fide. ingenitus: ἀγέννητος (so z. B. CGlL 3, 278, 23), ab Arnob. adv. nat. 1, 31
(in einer hymnischen Partie mit asyndetisch gereihten apophati-
schen Prädikationen): von Gott ohne trinitarische Beziehung; als
Attribut von pater: Iren. 1, 25, 1; Hil. trin. 2, 10 (PL 10, 58 B):
Gegensatz zu unigenitus, nicht zu genitus = filius wie bei Agrestius.
Vgl. Einleitung S. 11.

30: Zum ersten Hemistich vgl. Iuvenc. 2, 628: *spiritus at
sanctus*; Prud. Apoth. 881 (= Ham. 165): *spiritus et sanctus* (in
Ham. 165 auch in einer trinitarischen Formel: *Deus* [= pater] *et
Sapientia vera* [= Filius] /*Spiritus et Sanctus*). Der Relativsatz mit
reflektierender Bezugnahme auf Ioh. 15, 26: *cum autem venerit
paracletus quem ego mittam vobis a patre, spiritum veritatis, qui a
patre procedit, ille testimonium perhibebit de me* (vgl. Ioh. 16, 13:
cum autem venerit ille Spiritus veritatis docebit [nach der διηγήσεται
Variante, vgl. Greg. Naz. carm. 1, 1, 3, 3: πνεῦμα ... ᾧ θεὸν ἔγνων;
Vet. Lat. hat *monstrabit* nach ὁδηγήσει] *vos in omnem veritatem
non enim loquetur a semetipso sed quaecumque audiet loquetur ...
ille me clarificabit* (Vulgatatext nach R. WEBER). Die docebit-
Variante wird pneumatologisch ausgewertet: Ambr. spir. 2, 12, 131
(CSEL 79, 137 FALLER); vgl. 1, 1, 25 (26 FALLER). In den trinitätstheologischen Aussagen bei Greg. Naz. carm. 1, 1, 1, 25—36 (PG 37,
400 A—401 A) kommt in einer gegen die Pneumatomachen gerichteten Abwandlung dieses Gedankens dem hl. Geist die Aufgabe
zu, die eigene Gottheit zu beweisen (35 f.). Als Inhalt der an den
genannten Johannesstellen nur faktisch angedeuteten Lehre des
Geistes konnte leicht Ioh. 10, 30: *ego et pater unum* (wohl auch bei
Agrestius wie an vielen theologisch interpretierenden Stellen ein
Neutrum) *sumus* eingesetzt werden, da Ioh. 16, 15 an die allgemeine
Formulierung eine christologische Aussage unmittelbar anschließt:
omnia quaecumque habet pater mea sunt. Auch Hil. trin. 2, 10

(PL 10, 58 B) gibt der Geist Einsicht in die Vater-Sohn-
Theologie.

31—32: Fünf nominale trinitarische Prädikationen, rhetorisch
angeordnet (siehe S. 36). Die sprachliche Gestaltung des Trini-
tätsdogmas hat verschiedentlich zu pointierten Formulierungen
Anlaß gegeben, wie auch im neuplatonischen Bereich: vgl. das
Proklosfragment Nr. 2 (Lyd. mens. 2, 6; 23 WÜNSCH = E. VOGT ed.
Proklos, Klass. phil. Stud. 18 [1957] 33): μονάδα γάρ σε τριοῦχον
ἰδὼν ἐσεβάσσατο κόσμος. Aus der christlichen Dichtung vgl. Greg.
Naz. carm. 1, 1, 3, 43 (PG 37, 411 A): εἷς θεὸς ἐν τρίσσοις ἀμαρύγ-
μασι κόσμον ἑλίσσων; Synes. Hym. 1, 210—213 DELL'ERA: ὑμνῶ σε,
μονάς· ὑμνῶ σε, τριάς· τριὰς εἶ μονὰς ὤν (Isokolie und Chiasmus,
vgl. Mar. Victorinus, Hym. 1, 78 [CSEL 83, 289 HADOT]: *haec est
beata trinitas, haec est beata unitas*); Prud. Hym. tr. 1: *est tria
summa deus, trinum specimen, vigor unus* (Chiasmus der antithetischen Zahlwörter, danach Dracont. laud. 1, 563 CORSARO: *virtus
trina deus, triplex deus, omnis et unus*); carm. tern. num. exc. 2 (PL
125, 564 A [Hinkmar v. Reims] = MGH ep. 4, 213 DÜMMLER [Alkuin,
ep. 137]): *tres pater et verbum sanctus quoque spiritus unum*; Paul.
Nol. carm. 19, 136: *haec tria sunt deus unus / nomina* (ähnlich schon
133: *virtus trina deus pater unus et unus in ipso*); append. carm. 2, 65 f.:
salve, unus unus unus in trino deus, / salve una in uno trinitas; Flav.
Merob. Christ. 28: *et toties unus, triplicique in lumine simplex*;
Dracont. laud. 2, 69: *spiritus unus, trina mente deus*; Anthol. Lat.
1, 2, 494^c 18 (von einem orator Andreas): *Triplicitas simplex,
simplicitasque triplex*; 785^c 5 (Rusticius über Augustinus, De
trinitate): *Una trium virtus deus est*. Zu der Art, Theologisches in
rhetorischer Manier auszunützen, vgl. noch Paul. Nol. carm. 32,
165 f. (nur christologisch): *unus enim deus est, substantia filius
una / unus in utroque est unus vigor, una potestas* (es folgt die Darstellung der Weltschöpfung). Die rhetorische Gestaltung der Trinitätsaussagen findet sich auch im Mittelalter, z. B. Drep. Flor. or.
pasch. 18: *unum quae trino celebrat sub nomine numen* (die Wirkung
wird durch das alte Parechesenpaar *nomen / numen* erhöht).

31: unica: emphatisches una, vgl. Lucr. 2, 1077 f.: *res nulla
sit una, / unica quae gignatur et unica solaque crescat*. Ov. Am. 2, 6, 54:
unica semper avis (vom Phönix). Die Anapher des Einheits-
begriffes im Hymnenstil ist auch außerchristlich: vgl. einen
orphischen Hymnus auf Zeus (Orph. Fg. Nr. 168, vers. 6 f., 201
KERN² = Nr. 169, vers. 1 f., 207 KERN²), in dem von dem Gott
prädiziert wird: ἓν κράτος, εἷς δαίμων γένετο, μέγας ἀρχὸς ἁπάντων /

ἐν δὲ δέμας βασίλειον (= Kosmos). Maiestas (μεγαλειότης),
virtus (δύναμις) und substantia (ὑπόστασις) sind trinitätstheo-
logische Vokabeln, nach rhetorischen Gesichtspunkten zusammen-
gestellt. Eine rhetorische Reihung der Begriffe auch Ven. Fort.
append. carm. 2, 3—5 (275 LEO): *maiestas, persona triplex, substantia simplex,/ aequalis consors atque coaeva sibi, / virtus una manens
idem, tribus una potestas.* Trini / nominis: vgl. Paul. Nol. carm.
19, 136 f.; 27, 258: *in nomine gratia trino*; ep. 32, 5, vers. 17: *trino
colit unam nomine mentem*; 15, vers. 21: *una fides trino sub nomine
quae colit unum*; Ps. Orient. trin. 15 f.: *sic filius et pater unum/
nomine divisum numen, substantia mixta est.* Ähnlich formuliert
auch die Symbolformel ‚Clemens Trinitas' (spanisch oder gallisch,
um 500: KÜNSTLE 65 f.; DENZINGER-UMBERG 13 f.): *uniti substantia, sed discreti nominibus.* Neben diesen ‚Eigennamen' der
drei Personen gibt es eine Einheit ‚im Namen' (nomen = substantia): Symb. conc. Tolet. I (v. J. 400): *hanc unam esse divini nominis*
(um terminologische Klarheit zu schaffen, setzt die Formel des
Pastor [KÜNSTLE 43, DENZINGER-UMBERG 14] dafür *divinae substantiae*) *Trinitatem.* Die zweifache theologische Verwendungs-
möglichkeit von nomen arbeitet die Fides Damasi heraus (gallisch
oder spanisch: so KÜNSTLE 54; Text 62; DENZINGER-UMBERG 12 f.
datieren um 500), in der zwischen *nomen potestatis* und den drei
nomina proprietatis (pater, filius, spiritus sanctus) in Anlehnung an
philosophische Definitionstechnik unterschieden wird.

32: honor: vgl. A. J. VERMEULEN, The semantic development
of Gloria in early — Christian Latin, Lat. Christ. Prim. 12 (1956)
pass.; A. STUIBER, Art. Doxologie, RAC 4, 217 ff. Honor als Übersetzung von τιμή ab Tert. or. 29, 4: doxologische Schlußformel;
weitere Stellen bei G. F. DIERCKS, Bussum 1947 im Kommentar
z. St. Honor steht neben den anderen trinitätstheologischen Termini Hil. Synod. 61 (PL 10, 522): *Iesum Christum . . . a Patre nec
honoris confessione, nec virtutis potestate, nec substantiae diversitate . . .
separari* (den Passus zitiert die ‚Clemens Trinitas'). Vgl. ὁμότιμος,
das z. B. Ps. Ignat. Phil. 2 von der Trinität steht. Indiscreta
potestas: ἀδιάκριτος (Übersetzung bei Mar. Victorinus, adv. Ar.
4, 20, CSEL 83, 256 HADOT). Stellen zum trinitarischen Gebrauch
ThlL 7, 1, 1201, 27 ff. (REHM). Vgl. ferner Ambr. fid. 1, 1, 9 (CSEL
78, 7 FALLER): *ne fiat discretio potestatis* (Erklärung von Ioh. 10,
30), aus der Dichtung Prud. Apoth. 256 und Mar. Victorius prec. 6 f.:
ut proprias generis species substantia reddat / indiscreta.

33—45: Weltschöpfung (Aretalogie) in zwei Abschnitten:

33—37 (allgemeiner Teil), 38—45 (besonderer Teil, der nicht in die
Form der confessio fidei gehört, und bei dem wie in der Genesisdichtung des Hilarius an Papst Leo d. Gr. die Zahlen der Tage zugunsten von allgemeinen Zeitangaben [39, 43] und einer Partizipialkonstruktion [41, vgl. Hil. Gen. 94] fehlen), wobei 38 wegen des An-
schlusses an die creatio ex nihilo von 37 als Reflex der Exegese vor
die Himmelskörper, wo sonst die Zäsur verläuft, gestellt ist. Eine
solche Zäsur bestimmte schon die Genesisdichtung des Hilarius, der
40—64 die Schöpfung der Elemente (er erweitert den Genesisbericht
um die Luft [44—47]; die Elemente verlegen in die Genesis z. B.
auch Ambr. Hex. 1, 8, 30 [CSEL 32, 29 SCHENKL] und Aug. Gen.
litt. 3, 3 [CSEL 28, 1, 65 ZYCHA] als Ersatz der Schöpfungstage 1 bis 3),
65—110 die der konkreten Gegenstände als den 4. Schöpfungstag
vorführt. Dasselbe Schema als Erweiterung der biblischen Einteilung in die drei Regionen Himmel, Erde, Meer mit den jeweiligen
Lebewesen (Stellen siehe unten zu *qui*; zur Erweiterung der drei
Regionen zu den vier Elementen: Wr. Stud. 84 [1971] 192 f.) liegt
auch der Christusaretalogie bei Paul. Nol. carm. 32, 168—177
zugrunde: *qui* (sc. Christus) . . . / . . . *chaos illud inane removit | et
tulit informem contextae noctis hiatum | distribuitque locis mare terras
aera caelum* (Elemente) / *hisque dedit geminam pulsa caligine lucem. |
ast ubi cuncta novum stupuerunt surgere solem,* (nach Verg. Ecl. 6, 37;
die durch *ast* stark markierte Zäsur steht vor der alle Himmelskörper vertretenden Sonne) / *quattuor haec auxit variis exordia rebus*
(hier setzt die Schöpfung der konkreten Gegenstände ein). / *Sunt
homines terris, sunt addita sidera caelo, | aere pendet avis, liquido
natat aequore piscis. | Sic elementa suis decoravit singula formis* (diese
Aufteilung in Regionen mit den dazugehörigen Lebewesen, zu
denen auch die Sterne zählen, ist sowohl biblisch als auch antik:
vgl. Ov. Met. 1, 72—75 [Parallelen bei BÖMER z. St.]; Anon. Hym.
PLM 4, 434, 11—13. Biblische Stellen in Wr. Stud. 84 [1971] 182;
185). Das Schema des Paulinus an der genannten Stelle ist einfacher, da in den Elementarteil nicht der Materie-Geist-Dualismus
eingebaut ist wie bei Agrestius (34—36: ein Elementargegensatz von
Luft und Erde, auf den Agrestius 46 f. zurückgreift). Der erste
Teil ist nach Tob. 8, 7 f. aufgebaut: *benedicant te caeli et terra et
mare fontes et flumina* (33) *et omnis creatura quae in eis sunt* (34 f.)
tu fecisti Adam de limo terrae (36), wodurch die Grundform des
Elementarblocks gesprengt wird. Der zweite Teil hält sich an den
Hexameronbericht Gen. 1, 11—1, 26 + 2,7 (mit einigen Kürzungen).

33: Qui: Das Relativpronomen, hier ohne unmittelbares Beziehungswort, gehört zum hymnischen Stil (vgl. E. Norden, ῎Αγνωστος θεός, Leipzig-Berlin 1913, 168—176). Die biblischen All-formeln sind zum Teil relativisch gehalten (Psalm. 145, 6; Act. 4, 24; 14, 14; Apoc. 10, 6; 14, 7). An der oben genannten Stelle Paul. Nol. carm. 32, 168 ff. folgt die Kosmologie als Aretalogie ebenfalls mit *qui* auf die christologischen Aussagen im engeren Sinn. Die Welt-schöpfung in relativischer Hymnenform auch laud. Dom. 38 ff. (ed. Van der Wijden, Amsterdam 1967); carm. de prov. div. 151 (PL 51, 620 C): *Est igitur Deus ... 153: qui condidit ipse.* Caelum ... ventos: Grundform sind die klassischen drei Regionen (darüber Wr. Stud. 84 [1971] 180—194, das Stellenmaterial 191 f.; hinzuzu-fügen sind: Ov. Met. 12, 39 f.; Stat. Theb. 3, 308; CLE 1504, 37 [= CIL 14, 3565, 37]; orac. Sib. 8, 225; carm. de Sodoma 3; Auson. eid. 1, 6 [30 Schenkl]; Damas. carm. 2, 13 f. [PL 13, 376 B]; Ambr. Hex. 1, 1, 2 [CSEL 32, 3 Schenkl]; Verec. satisf. paenit. 8 [Spicil. Solesm. 4, 142 Pitra]), die am dritten Glied einsetzende Erweite-rung um Quellen und Flüsse nach Tob. 8, 7 (s. o.), die in der christ-lichen Literatur auch sonst vorkommt, z. B. orac. Sibyll. 3, 23: Quellen und Flüsse im Anschluß an die Mutter Tethys, vgl. orac. Sibyll. 4, 14 f.: Meer, (Erde), Flüsse, Quellen; orac. Sibyll. aposp. 3, 6 (235 Rzach): Berge und Quellen. Gerade die letzte Stelle zeigt, daß um weitere verwandte Begriffe erweitert werden konnte. So stehen bei Agrestius die Winde in Erweiterung der biblischen Vor-stellung für das Element Luft, um die vier Elemente zu gewinnen (zu caelum als Element vgl. Aug. civ. 22, 11, der terra, aqua, aer, caelum aufzählt): *ventus* paßt zu den konkreten Ausdrücken *mare fontes flumina* besser als aer (so Hil. Gen. 43 f. in der Erweiterung des Hexameronberichts auf die Elementenlehre): vgl. Ov. Met. 1, 36: *freta — ventis* (in der Klausel!); 38: *fontes* (bei Agrestius sind die Quellen biblisch [vgl. noch Dan. 3, 77 in der Katene der Werke Gottes], wie auch Greg. Naz. carm. 1, 1, 31, 5 [PG 37, 511 A]: πόντον καὶ ποταμοὺς καὶ πηγὰς), 39: *flumina* gegenüber Met. 1, 22 f., wo in der nicht ausgeschmückten Reihe der Elemente nur *undae* (dies eine gewisse Poetisierung von aqua) und *aer* einander gegen-überstehen. Vgl. ferner Cat. 70, 4 mit den Bemerkungen Krolls z. St. und Aetna 314 (*flumina* neben *aurae* und *ventus*); Sil. It. 1, 206 f. Die in der spätlateinischen Dichtung so beliebte asyndetische Reihe wird hier durch ein metrisch nicht erforderliches *et* zwischen *caelum* und *terram* wohl wegen des *et* an sämtlichen Bibelstellen, an denen die Formel *caelum et terram* (mit oder ohne Erweiterung) vorkommt, gesprengt (anders Paul. Nol. carm. 6, 123). Die Konjunktion zwischen *terram* und *mare*, obwohl biblisch (auch Tob. 8, 7), entfällt wegen der übernommenen Wortfolge *terram* (-s) *mare* (Ov. Met. 1, 180; Prud. Ham. 116; Paul. Nol. carm. 6, 123; vgl. carm. de Sodoma 3).

34: Gegensatz Leben — unbelebte Materie, ausgedrückt in den Adjektiven. Die sensibiles animae, αἰσθητικαὶ ψυχαί („Sinnenseelen') sind die in den Regionen enthaltenen Lebewesen (zum biblischen Ursprung des Schemas s. o.). Sensibilis (αἰσθητικός) ist seit Seneca belegt und steht im Gegensatz zu intellegibilis (νοητός): Sen. ep. 124, 2: sensibile — intellegibile (vom intellectus sind muta animalia und nach stoischer Lehre auch Kinder ausgeschlossen); Hier. ep. 98, 10; etc. Animae nähert sich animalia (Akzentuierung des Aspekts der Lebendigkeit und der aerischen Materialität der Seelen, wie *pigro* zeigt, das im Gegensatz zu 35: *communem hunc aëris usum* [Gleiches zu Gleichem] steht), wohl nach Gen. 1, 21: *creavitque Deus cete grandia et omnem animam viventem et motabilem* (v. l. *mobilem, mutabilem*); 24: *producat terra animam viventem.* Vgl. schon Tert. paen. 12, 6, der anima in den oben genannten stoischen Gegensatz stellt: *mutae animae et inrationabiles*; Lact. inst. 3, 8, 8: *animae rationis expertes (inrationabiles* bzw. *rationis expertes* = *sensibiles).* Zur Verbindung sensibilis anima vgl. Ambr. Noe 25, 92 (CSEL 32, 478 SCHENKL): *istam utique animam, qua vivimus, quae est sensibilis, non illam animam, quae rationabilis et intellegibilis interioris hominis aestimatur.* Bezüglich der semantischen Annäherung an animal vgl. Hil. Gen. 109 (in der Schilderung des fünften Schöpfungstages, also auch unter dem lexikalischen Einfluß der Bibel): *quadripedes animae.* Corpore mundi: Wahl einer seit Lucr. 5, 65 immer in kosmogonischem Zusammenhang vorkommenden Klausel, um einen lexikalischen Gegensatz zu *animas* zu gewinnen: Aetna 102 bezeichnet *corpus mundi* wie hier (ähnlich Verg. Aen. 6, 727) die Gesamtheit des organisch gedachten Kosmos: *diviso corpore mundi | in maria ac terras et sidera* (Elementtrennung). Vgl. Ov. Met. 15, 239: *quattuor aeternus genitalia corpora mundus | continet* (in der Kosmologie des Pythagoras; die Bezeichnung *genitalia corpora* geht auf Lucr. 1, 58 zurück, der damit die Atome meint [als Bezeichnung der empedokleischen Elemente z. B. Aug. civ. 8, 5: *quattuor corporibus, quae dicuntur quattuor elementa, mundum corporeum videmus esse compactum*; Augustinus deutet *mundus corporeus*, als aus Elementen, nicht aus geformten Körpern bestehende Welt]; Ov. Fast. 5, 11: *post chaos ut* *primum data sunt tria corpora mundo* (die drei Regionen); Manil. 4, 888: *utque sit ex omni constructus corpore mundus | aeris atque ignis summi terraeque marisque* (vgl. 1, 247); Hil. Gen. 24: *altaque moles | desuper urgeret informis corpora mundi* (= Elemente). Carm. de prov. div. 103 (PL 51, 619 c): *qua gens hominum diffusa est corpore mundi*. Vgl. auch Mar. Victorius 1, 15 f.: *qui primum semine nullo | corpora dans rebus, dum res existere cogit* (Erschaffung der Elemente ist ebenfalls das erste Stadium der christlichen Schöpfung).

35: viventes... usum: vgl. Verg. Aen. 1, 387f.: *auras* (= *aëris usum*) *| vitalis carpis*; Ambr. Hex. 1, 8, 29: *carpimus aurae huius vitalis spiritum*; Cain et Abel 1, 10, 43: *aerem liberum carpere*. Aug. civ. 22, 11: *de elemento tertio* (= aere) *terrenum animal* (vgl. 34: *animae*) *carpit hanc* (vgl. *hunc*) *vitam*. Statt aurae (ursprünglich) oder des prosaischen Synonyms aer steht eine erweiterte Klauselform nach Stat. Theb. 8, 738: *(fragilemque) hunc corporis usum*. Zu *usus communis* vgl. Ov. Met. 6, 349: *usus communis aquarum*. Inhaltlich vgl. zu communis Dracont. laud. 1, 699 CORSARO: *cunctis animantibus* (= animae, animalia) *aura recurrit*.

36: Die Schöpfung der Menschen aus Erde, eine alte auch im Prometheusmythos aufscheinende und von dort in die Weltentstehung bei Ov. Met. 1, 80—83 (zur Vorgeschichte siehe BÖMER z. St.) aufgenommene Vorstellung, hier nach Gen. 2, 7. Terrigenos: Das Wort erscheint erstmals in der Form *terrigena* in einem anonymen Vers bei Cic. div. 2, 133 (vgl. PEASE z. St. gegen die Zuweisung an Lucilius) als Bezeichnung der Schnecke, wird später als Übersetzung oder als Attribut von gigans gebraucht (Ov. Her. 12, 99 etc. bzw. Val. Fl. 2, 18), ersetzt aber schon Lucr. 5, 1411 ‚homines': *silvestre genus ... terrigenarum* (in der Partie über die Kulturentstehung mit akzentuierter Bezugnahme auf den Ursprung des Menschen, wie hier durch *ex semine Adam*). Seit Tert. Marc. 2, 12 ist das Wort als dreiendiges Adjektiv verwendbar (*animalia terrigena*); vgl. Hil. Evang. 71 (*terrigenus* = homo wie Dracont. laud. 1, 241 CORSARO); Ven. Fort. carm. 1, 10, 3 (13 LEO): *semine terrigeno terrenis usibus exors* (rhetorische Verwendung des Leib-Seele-Dualismus). In der Bibelphilologie wurde Adam (Mensch als Kollektivbegriff) mit γηγενής (Stellen bei LAMPE, Patr. Greek Lex. s. v.), dieses wieder mit *terrigena* übersetzt: Hier. in Hierem. 6, 32 (39) 20 (CC 74, I 3, 336): *hominibus sive terrigenis*; Hebr. nom. (CC 72, 60): *Adam homo sive terrenus aut indigena* (= CC 72, 139), besonders CC 72, 151 *Adam homo sive terrigena*. Dieselbe Etymologie bei Arator 2,

437—439 (vgl. THRAEDE, JbAC 4 [1961] 190; das testimonium von McKINLAY, CSEL 72, z. St. ist nicht gut gewählt);
Prud. Apoth. 1007; Ham. 12; Paul. Nol. carm. 31, 66: *terrenus
Adam*. Zur Etymologie als Stilelement vgl. z. B. Cypr.
poeta 1, 37: *inditur et nomen, vitae quod dicitur Aeuua*; 1, 59: Phison (Paradies-
fluß) = prasinus; 723 etc. 2, 286: *cynomyia* wird im selben Vers mit
musca canina übersetzt; Ambr. Hex. 1, 2, 6 (Moyses) *de aqua
nomen acceperit*; häufig auch für Emmanuel: z. B. Prud. Cath. 7,
180; Apoth. 604 f. Zur Etymologie in der lateinischen Dichtung vgl.
I. OPELT, Art. Etymologie, RAC 6, 812). Agrestius setzt die Etymologie retrograd ein, *ex semine Adam* ist erklärender Zusatz zu
terrigenos. E(x) semine —◡ (Eigenname) als Hexameterklausel
bei Stat. Theb. 2, 572, als v. l. auch 4, 484: *e semine Cadmi*. Infolge
des Einsetzens des biblischen Namens ergibt sich ein Hiat, ein
Verstoß gegen die Metrik auf Grund der formelhaften Sprache.
Adam steht oft im sechsten Fuß des Hexameters (Stellen ThlL 1,
564, 22 ff.), bildet aber sonst nirgends Hiat. Der Hiat in der
Klausel hat eine Parallele in einem metrisch ungelenken Grab-
gedicht (CLE 1058 BÜCHELER-RIESE = CIL 6, 7898), in dem er
in insgesamt zehn Versen dreimal aufscheint (4, 5, 9), während
sonst elidiert wird.

37: Der Sinneinschnitt ist nach *condidit* wie Prud. Apoth. 723:
condens, ex nihilo . . . creavit, also nach dem ersten Daktylus zu
setzen. Hier endet der von Agrestius nach Tob. 8, 7 erweiterte Typus
der biblischen Formeln der Schöpfungsprädikation, die christliche
creatio ex nihilo ist ein inhaltlich erweiternder Zusatz. Die Lehre
von der Schöpfung aus dem Nichts geht gewöhnlich mit einer
Polemik gegen die Atomisten, bei den lateinischen Dichtern gegen
Lukrez, Hand in Hand (z. B. Prud. Apoth. 727; 729 f.; 733—735;
Mar. Victorius 1, 22 ff.); so ist das lukrezianische exordia rerum
(Lucr. 2, 333; die häufigere Bezeichnung für die Atome ist primordia
oder semina rerum) als Kontrastimitation zu verstehen. In die
Elementenlehre einbezogen ist die Klausel bei Paul. Nol. carm. 32,
174 (Umdeutung von exordia zu elementa): *quattuor haec auxit
variis exordia rebus*.

38: Der Hexameronteil setzt mit Gen. 1, 11 f. (3. Schöpfungstag) ein. Subjekt des Satzes ist Gott wegen 37: *condidit* und 40:
praecipit (vgl. Ambr. Hex. 3, 6, 27 [CSEL 32, 77 SCHENKL], der in
Polemik gegen die Divinisierung der Sonne für diese Genesispassage
die dei clementia Subjekt sein läßt); *herbae* wegen *lignorum*.
Die im Bibeltext vorgegebene teleologische Auswertung (Bäume—

Früchte, Gras — Futter) gewährleisten einen gleitenden Übergang vom Elementenblock zum Hexameronbericht, da — wenn auch inhaltlich gewaltsam — die drei Stufen Nichts — Elementarteile (im weitesten Sinn) — vollendete Schöpfung nahegelegt werden, eine Abfolge, die auch bei Prud. Apoth. 733—735 auf der Basis der Harmonisierung von Elementenlehre und Genesis in der Interpretation der Brotvermehrung als eines der Schöpfung analogen Aktes erscheint: *exiguas rerum species elementaque mundi | ex nihilo primum modica et mox grandia sensim | crevisse, ex modicis quae consummata videmus.* Lignorum fructus: nach Gen. 1, 12: *lignum faciens fructum.* Pabula geht auf die jüngere afrikanische Variante der Vetus Latina (C bei B. FISCHER; der Plural ist natürlich metrisch bedingt, er kommt sonst nur bei Iunilius [6. Jhdt.] als v. l. vor) *herbam pabuli* (nach βοτάνην χόρτου der Septuaginta) zurück, wahrscheinlich über die Exegese, da der europäische Text *faeni* hat, *pabulum* aber in der Exegese als Interpretament vorkommt: Eustath. Basil. Hex. 5, 1 (PL 53, 909 C): *deinde ... herba fit, et cum creverit, pabulum habetur*; Ambr. Hex. 3, 7, 28 (CSEL 32, 77 SCHENKL) steht *pabulum* neben *faenum* (*pabulum* steht aber an erster Stelle, *faenum* ist in bewußt peiorativer Bedeutung rhetorisch als Steigerung zu *pabulum* gesetzt: die für einen Gott gehaltene Sonne ist jünger als Futter, ja jünger als wertloses Heu; die peiorative Bedeutung von *faenum* wird gerade durch die biblische Verwendung vorangetrieben, vgl. z. B. Matth. 6, 30 [VL und Vulgata]; Prosp. carm. de ingr. 954 [PL 51, 145 A]; an anderen Stellen verwendet Ambrosius auch die europäische Variante, z. B. Hex. 1, 4, 13 [CSEL 32, 11 SCHENKL] in unmittelbarem Anschluß an den in der europäischen Version zitierten Bibeltext); 3, 10, 45 (89 SCHENKL): *pratorum virens gratia abundantiam pabuli ministravit*; Dracont. laud. 1, 270: *pabula mundus erat.* Protulit: nach Gen. 1, 12; von der Schöpfungstätigkeit Gottes carm. adv. Marc. 4, 8, 8; carm. de prov. div. 120 (PL 51, 620 A).

39—41: Gen. 1, 14; 17 (vierter Schöpfungstag).

39: Zum ganzen Vers vgl. Verg. Georg. 1, 396: *nec fratris* (= solis) *radiis obnoxia surgere Luna.* Inhaltlich sehr ähnlich orac. Sibyll. aposp. 3, 3—6 (235 RZACH): ἀλλὰ θεός μόνος εἷς πανυπέρτατος, ὃς πεποίηκεν / οὐρανόν ἠέλιόν τε καὶ ἀστέρας ἠδὲ σελήνην / καρποφόρον γαῖάν τε καὶ ὕδατος οἴδματα πόντου / οὔρεα θ᾽ ὑψήεντα καὶ ἀενάων στόμα πηγῶν. Zum Übergang von einem Relativsatz in einen Hauptsatz vgl. NORDEN. Kommentar[4], 380 und die zitierte

Stelle aus den Sibyllinischen Orakeln, in der die Prädikationen in
Vers 3 mit einem Relativsatz beginnen und 7 ff. mit einem Haupt-
satz fortgeführt werden. Tunc hat angesichts der Ambrosiusstelle
besonders emphatische Bedeutung: ,dann erst'. Vgl. Hil. Gen. 50:
tunc oritur lux alma; 65: *tunc condens pater astra polo* (an beiden
Stellen starke Emphase). Zum Gebrauch in der enumeratio in der
Weltschöpfung vgl. noch Verg. Ecl. 6, 35; Alc. Avit. poem. 1, 46:
tum. Solis radios: exornatio des Bibeltextes durch traditionelle
Wortverbindung: vgl. Rutil. Namat. 1, 55; Claudian. carm. 24, 66;
Dracont. laud. 1, 54; Ennod. carm. 2, 60, 6; Arator 2, 1089; vgl.
auch Dracont. laud. 1, 208 CORSARO: *mox solis radiare globum iubet.*
Cornua...lunae: Erweiterung der häufigen Klausel *cornua
lunae* (z. B. Ov. Am. 2, 1, 23; Met. 3, 682; 8, 11; CLE 1535, 1 [= CIL
6, 10764, 1] etc.) durch die oben genannte Vergilklausel.

40: Zum Hexameterkopf vgl. Iuvenc. 1, 18: *praecipit et* (so
HUEMER, CSEL 24), wofür einige Hss. des 9. Jhdts. praecepit über-
liefern. Doch ist dort, wie das Tempus in 19 zeigt, praecipit zu
schreiben. Das Argument der grammatischen Konzinnität hat für
Agrestius allerdings keine Gültigkeit, da er in viel stärkerem Ausmaß übernommene Wendungen kontaminiert als Iuvencus (siehe
zu 7). Eine ganz ähnliche i/e-Verschreibung liegt vor bei Ven. Fort.
append. carm. 29, 5 (290 LEO), wo das überlieferte *suscepit* in das
Präsens geändert werden muß (weitere Beispiele bei LEO, MGH auct.
ant. 4, 1, 398, Index s. v. e). Der Vers ab der Trithemimeres entspricht Verg. Georg. 1, 137, wo er von dem sich an den Sternen
orientierenden Seemann gesagt ist. Dieser Versteil wurde schon
Cento Prob. 71 auf den vierten Schöpfungstag übertragen, in leichter
Variation auch Dracont. laud. 1, 217 CORSARO. In ganz anderem
Zusammenhang erscheint der Versteil noch in dem centonenhaften
carm. de alea 6 (Anthol. Lat. 1, 1, 8, 34 BÜCHELER-RIESE); diese oder
eine ähnliche Klausel findet sich noch Ov. Met. 7, 381 (= Ib. 363);
Fast. 5, 149 (vgl. Fast. 2, 421); Mar. Victorius prec. 27; vgl. auch
Ov. Met. 12, 461.

41: Teleologie nach Gen. 1, 14: *ut ... sint in signa et tempora
et dies et annos*. Disponens ist vorzeitig. Zu diesem Gebrauch des
Präsenspartizips vgl. LEUMANN-HOFMANN-SZANTYR, Syntax 387
(mit Literatur). Als Bezeichnung eines Teiles des Schöpfungsaktes
bei Mar. Victorius 1, 41: *disposuit, iussit, monuit*; Alc. Avit. poem. 1,
50: *dispositum pulchro ... ordine mundum*. Mensibus annum:
die Endung ist weit verbreitet, der früheste Beleg ist Verg. Georg.
1, 64; ferner sind zu nennen: Petron. fg. 27, 6 MÜLLER (= PLM 4, 89,

Nr. 76 BÄHRENS): ebenfalls in astronomisch-chronometrischem
Zusammenhang; Prud. Per. 11, 195; Cypr. poeta 5, 136; carm. adv.
Marc. 1, 6, 10; 5, 9, 23; Orient. comm. 1, 115; 287; carm. de prov.
div. 1 (PL 51, 617 A); Priscian. carm. de sid. 2, 16 (Anthol. Lat. 1, 2,
Nr. 680, 156 BÜCHELER-RIESE): *bis senis ... mensibus annus*; CLE 465,
16: *bis denos . . . mensibus annos*; 528, 3; 769, 10: *bis undenos ...
mensibus annos*; 1156, 3; 1406, 5. Ähnlich auch Ov. Fast. 3, 100:
mensibus annus erat und Nemes. Cyn. 105 (PLM 3, 194 BÄHRENS):
bis senis mensibus aevum (Ersatz durch Synonym: vgl. LÖFSTEDT,
Late Latin 118, A. 2).

42: Die nach der biblischen Abfolge an dieser Stelle erforder-
liche Darstellung der Schöpfung der Tiere der drei Regionen (Gen.
1, 20—25) wird syntaktisch umgedreht zu einer Zuweisung der drei
Regionen an die jeweiligen Tiere. Diese Umkehrung ist möglicherweise eine Folge des im Zusammenhang mit der Tierschöpfung in
Kurzdarstellungen des Genesisberichtes gebräuchlichen dare: dare
mit Infinitiv im Sinne von iubere (vgl. WASZINK zu carm. ad Flav.
Fel. 31) erlaubt eine Konstruktion mit dem Dativ der Person: so
an der genannten Stelle des carmen ad Flavium Felicem: *dedit
aequoreas complere piscibus undas* (Klausel nach Ov. Met. 1, 74),
dare mit Nominalobjekten macht den Dativ der Sache erforderlich:
Hil. Macchab. 303 f. (CSEL 23, 251 PEIPER): *sidera qui caelo, qui
das animalia terris/, aequoribus pisces, avibus qui temperas auras.*
Eine Kontamination beider Konstruktionen von dare ergibt die
syntaktische Umkehrung im vorliegenden Fall. Die gegenüber der
Bibel konzise Formulierung der Zugehörigkeit der Lebewesen zu
den drei Regionen geht auf einen viergliedrigen Typus zurück (der
biblische Bericht eignet sich in seinen Detailangaben zur exornatio,
z. B. Alc. Avit. poem. 1, 35—43), der die Sterne als Lebewesen mit-
zählt und die biblische Form der Prädikationen (Stellen S. 80),
die das in den Weltteilen Enthaltene zu nennen pflegen, überlagern
konnte: Ov. Met. 1, 73—75 (Vierteilung mit Topos vom Himmelsblick; dieser Topos verbunden mit der Aufteilung der Tiere in die
drei Regionen auch bei Rust. Help. benef. 106—108 [PL 62, 548 B];
vgl. Anon. laud. Solis 11—13 [PLM 4, 434], wo die Menschen die
Sterne ersetzen) bzw. Hil. Macchab. 302—304, Paul. Nol. carm.
32, 175 f., wo der Mensch an die Stelle der Erdentiere tritt; carm.
ad Flav. Fel. 18—31 (an den drei christlichen Stellen in der relativi-
schen Prädikationsform, die letztlich auch bei Agrestius vorliegt).
Vgl. Aug. de symb. 1, 2 (CC 46, 186): *Fecit in caelo visibilia: solem,
lunam, stellas. Suis animalibus terrestribus ornavit terram, implevit*

aerem volatilibus, terram ambulantibus et serpentibus, mare natanti-
bus: omnia implevit suis naturis propriis. Fecit et hominem ad imagi-
nem . . . suam in mente: ibi est enim imago dei; ideo mens ipsa non
potest comprehendi nec a se ipsa, ubi est imago dei. Ad hoc facti sumus,
ut creaturis ceteris dominemur; sed per peccatum in primo homine
lapsi sumus. Dies steht in der Erklärung des ersten Artikels des
nizänokonstantinopolitanischen Symbols, ist also auch formgeschichtlich mit Agrestius nahe verwandt. Pinnis . . . aëra: die
sonst nicht belegte Synekdoche pinna = avis ist die lexikalische
Folge der Verwendung einer in der Hexameterklausel beheimateten
Wortgruppe: vgl. Ov. Met. 1, 466; 4, 677; 7, 354; 379; 8, 253 etc.
(Trist. 5, 2, 26: *pennis // aera*); Lucan. 1, 588 etc.; Calp. Sic. 2, 11;
Avian. fab. 15, 13; Cypr. poeta 1, 20; Mar. Victorius 2, 524; carm.
de prov. div. 216 f. (PL 51, 622 A): *iam pecudes tellus, iam pisces*
pontus alebat, / et liquidum volucres innabant aera pennis; Dracont.
laud. 1, 243 CORSARO: *aera concutiens pinnis* (ebenfalls Sprengung
der Wortverbindung); 254 CORSARO (vgl. 266 CORSARO); Ven. Fort.
Vita Mart. 1, 290 (305 LEO); 3, 425 (344 LEO). Die auf Grund der oben
genannten Konstruktionsmöglichkeiten von dare bei Kontamination mögliche syntaktische Umkehrung der Objekte hat ihre Ursache
in der Verwendung der Formel aera pinnis und der Klausel piscibus
aequor (nach Ov. Fast. 1, 493; Sil. It. 15, 788). Dazu kommt, daß
die logische Umkehr der Objekte in der Dichtersprache weniger
anstößig empfunden worden sein dürfte, als man erwarten würde,
vgl. Dracont. laud. 1, 128 CORSARO, wo es aus metrischen Gründen
in dem Lichthymnus heißt: *lux quae dat tempora metis* und nicht
temporibus metas.

43: Zur Klausel vgl. carm. adv. Marc. 1, 4, 2; 1, 8, 4. Mensch
als Telos der Schöpfung in Erweiterung von Gen. 1, 26 (Herrschaft
über Tiere) um Gen. 1, 28 (*subicite eam*) ohne den sonst in diesem
Zusammenhang üblichen Topos vom Himmelsblick: Mar. Victorius
1, 152: *causa datur mundo proprior* (Mensch); vgl. Cypr. poeta
1, 28. Condidit vereinigt in ἀπὸ κοινοῦ-Stellung das historische
Perfekt und das Plusquamperfekt des vorzeitigen Nebensatzes.
Zum ἀπὸ κοινοῦ des Prädikats vgl. LEUMANN-HOFMANN-SZANTYR,
Syntax 834. Das ἀπὸ κοινοῦ ist hier vielleicht in der formalen Übernahme eines Verstyps mit ἀπὸ κοινοῦ Prädikat nach dem Relativpronomen im zweiten Versteil entstanden: Verg. Aen. 1, 287:
imperium Oceano, famam qui terminat astris. Der Unterschied dieser
Stelle zu Agrestius besteht darin, daß Vergil das Prädikat ἀπὸ
κοινοῦ zu einem zweigliedrigen Objekt mit zweigliedrigem Um-

stand desselben Satzes stellt, während Agrestius es auf je ein Objekt des Haupt- bzw. Nebensatzes bezieht.

44: Der ut-Satz ist eine erklärende Paraphrase (eine Art von ‚Pseudofinalsatz': dazu Literatur bei LEUMANN-HOFMANN-SZANTYR, Syntax 642), vielleicht formal angeregt durch etliche teleologische Wendungen einzelner Genesisdetails in der Exegese von Gen. 2, 7 im Hinblick darauf, daß in 43 der Mensch als dominator mundi in seiner geistigen Eigenschaft angesprochen ist, der das fragile corpus entgegengesetzt wird, ein Reflex der Exegese, die die beiden Genesisberichte dahingehend ausgleicht, daß Gen. 1, 26 auf die Schöpfung der Seele gedeutet wird, Gen. 2, 7 auf die der Leib-Seele-Einheit (Stellen im Folgenden). Quem und schon *hominem* (43) sind daher prägnant ‚internus homo', vgl. carm. adv. Marc. 5, 4, 4: *sed et homo solum spiramen dicitur esse.* Die vorgetragene Interpretation wird gestützt durch: erstens die vorangehende teleologische Deutung der Menschenschöpfung (43), die, was hier nicht explizit ausgesprochen ist, die Herrschaft über die Welt von den intellektuellen Fähigkeiten des Menschen ableitet: vgl. Aug. catech. rud. 18, 29 (CC 46, 154 BAUER): *homo per intellegentiam suam . . . praeest omnibus terrenis animalibus* (vgl. auch die oben zitierte Stelle de Symb. 1, 2); Gen. contra Man. 1, 17, 28 (PL 34, 186): *quod homo ad imaginem dei factus dicitur, secundum interiorem hominem dici, ubi est ratio et intellectus: unde etiam habet potestatem piscium maris . . . et ommis terrae* etc. (imago dei auf den internus homo bezogen auch bei Alc. Avit. poem. 1, 58); Mar. Victorius 1, 163 f. deutet diese Interpretation als eine der Möglichkeiten an: *factus homo* (nach Gen. 1, 26) *seu corpore toto / sive anima ac specie* (= ἰδέᾳ; vgl. 206—208). Zweitens: die Begründung des Sündenfalls durch das spätere Hinzutreten des Körpers zum internus homo (46 f.), wo die Interpretation im angedeuteten Sinn explizit ausgesprochen ist. Wie 38 f. ist auch diese Partie nur unter Berücksichtigung der Exegese zu verstehen. Tamen ist bloß weiterführend; vgl. dazu LÖFSTEDT, Peregrinatio 27 ff. Fragili ... corpore: fragile ist ein häufiges Attribut des Körpers seit Cic. rep. 6, 26 (stoische Abwertung des Körpers). Weitere Stellen ThlL 6, 1228, 12 ff. Vgl. besonders Orient. comm. 1, 48: *esset ut in fragili corpore vita brevis.* Die ganze Orientiuspartie zeigt Ähnlichkeiten zu Agrestius: vgl. comm. 1, 45: *brutum terreno est pondere* (vgl. Agrestius 46) *corpus.* Vestiret: vgl. Damas. carm. 2, 5 (PL 13, 376 B): *passus corporea mundum vestire figura* (sc. Christus; dahinter steht wohl 1 Cor. 15, 49, *imago terreni* [hominis], eine Stelle, die auch sonst von der Kleidmetapher überlagert wird: z. B. Hier. tract. in psal. 135, 5 [CC 78, 293]: (caeli) qui vestiti sunt imaginem caelestis; carm. adv. Marc. 5, 10, 4: humanis sese vestivit et artubus (Christus). Zu den Parallel-formulierungen in der dualistischen Anthropologie und in der Christologie siehe zu 45: spiramine vitae. Bruti (soli): Erweiterung des biblischen limus (Gen. 2, 7) durch das dualistische Attribut und einen übernommenen Hexameterteil (s. u.). Zu brutus vgl. z. B. Apul. de deo Socr. 4: levibus . . . mentibus, brutis et obnoxiis corpori-bus; Lact. inst. 7, 4, 12: homo ex rebus diversis... configuratus est... sensibili atque bruto; im Zusammenhang mit der Genesis Cypr. poeta 1, 31: inspirat brutum divino a pectore pectus; Mar. Victorius 1, 119: in brutas animam dedit ire figuras.

45: Zum Versteil bis zur Trithemimeres vgl. Ov. Met. 4, 134: membra solum, wo ebenfalls ein Attribut zu solum in der Klausel des vorhergehenden Verses steht; 6, 246: membra solo; Lucan. 8, 87; Stat. Theb. 2, 631; 6, 512. Der Genetivus materiae, soli, ist ein Bei-spiel dafür, daß die Sprache der spätlateinischen Dichter nur zum Teil der allgemeinen Sprachentwicklung angehört. Denn obwohl der Materialgenetiv selten ist gegenüber Materialadjektiven und Prä-positionalausdrücken (de, ex), veranlaßte die vorgefundene Formel membra sol– hier seine Verwendung, nicht etwa der Sprachgebrauch — schon gar nicht der der ‚christlichen' Sprachgemeinschaft (bei christlichen Dichtern ist der Materialgenetiv in diesem Zusammen-hang nicht zu finden, sondern Materialadjektive [terreus, terrenus, luteus], z. B. Paul. Nol. carm. 17, 179; Prud. Apoth. 1022). Sacro... spiramine vitae: Der Ausdruck ist gebildet nach dem bibli-schen spiraculum vitae; das Attribut ist Ornament in Antithese zu bruti (brutum solum verhält sich zu sacrum spiramen entsprechend dem dualistischen Grundtenor wie pigrum corpus zu sensibiles animas in 34) und begegnet in demselben Zusammenhang auch Paul. Nol. carm. 22, 42 (im Index von HARTEL, CSEL 30, 449 fälschlich als 20, 42 vermerkt, was von BLAISE, s. v. spiramen übernommen wurde): formatumque hominem limo et spiramine sacro / adflatum. HARTEL zitiert im Index imitationum, CSEL 30, 389 als Parallele Sedul. carm. pasch. 2, 176: sacro spiramine plenum (von der Geisterfülltheit Jesu nach dem vierzigtägigen Fasten). Die beiden Stellen zeigen, wie unterminologisch die christliche Dichter-sprache ist — was nicht heißt, daß keine christlichen Termini Ein-gang gefunden hätten —, da der Lebenshauch und der Heilige Geist mit demselben, eben als dichterisch empfundenen Ausdruck be-zeichnet werden (die Substantiva auf -men nehmen in der spätlateinischen Dichtung — wieder im Gegensatz zur allgemeinen Sprachtendenz — an Häufigkeit zu: vgl. M. MANITIUS, Zu späten lateinischen Dichtern, Rhein. Mus. 45 [1890] 488). Gerade spiramen ist freilich auch prosaisch: vgl. J. PERROT, Les dérivés latins en -men et -mentum, Paris 1961, 119. Filastrius (s. u.) schwankt zwischen spiramen und spiramentum als quasiterminologischem Gegensatz zu spiritus. Das Prädikat *implevit* ist dem Komplex spiritus sanctus entnommen (vgl. neben der Seduliusstelle z. B. Act. 2, 4: *repleti . . . spiritu sancto*), nicht aber dem Genesisbericht, dessen Text zwischen *inspiravit in faciem* und *insufflavit* schwankt. Die quantitative Gleichsetzung des *spiraculum* von Gen. 2, 7 mit der dritten göttlichen Person wird von Filastr. 152 (= 124), 1 (CSEL 38, 126, 14 ff. MARX) als eigene Häresie angeführt, lag also Sedulius, Paulinus und Agrestius fern: *Alia est heresis quae spiramen quod accepit Adam putat tantum esse, quantum est a Christo post resurrectionem concessum apostolis, cum ignorat quod spiramentum est modicae virtutis aliqua gratia in audienda lege dei multorum proprium, spiritus autem perfectionis est plenitudo. Spiramen itaque datur ab infantia et catechuminis, spiritus autem in incremento doctrinae fideique est . . . plena dei gratia* etc. Membra und spiramen finden sich als dualistisches Paar auch bei Dracont. laud. 1. 598 CORSARO: *non haec humanis tantum spiramina membris / sunt data.* Der Besitz des spiramen zeichnet hier den Menschen nicht vor den übrigen Lebewesen aus, was dem Bibeltext zwar nicht zuwiderläuft, wohl aber dessen Verständnis in der Exegese (siehe Filastrius). Die terminologische Freiheit des Dracontius geht so weit, daß er eine wahrscheinlich aus Prud. Apoth. 436 entnommene Formel (*Spiritus ille Deus* [bei Dracont. 1, 600 CORSARO: *Spiritus ille Dei*]), die dort dezidiert (Epanalepsis) den Hl. Geist bezeichnet, für den allgemeinen ‚Lebensgeist‘, der von Gott stammt‘ im Sinn der anima sensibilis verwendet. Laud. 1, 340 CORSARO wird *spiritus infusus* von der Belebung Adams gebraucht: auch hier gehören Substantiv und Verbum in den Bereich des Hl. Geistes. Ausschlaggebend für die Wahl des Wortes spiramen wird auch im vorliegenden Fall eine konventionelle Versklausel sein, die Paul. Petr. vita Mart. 3, 189: *spiramina vitae* (vom Lebenshauch im Sinn der anima sensibilis; vgl. die abgewandelte Klauselform im carm. adv. Marc. 1, 4, 3: *carnem spiramine vivam* mit derselben Semantik) und in dem nichtchristlichen Epikedion des Laetus Avianus auf Mart. Cap. (Anthol. Lat. 1, 2, 931, 113, 356 BÜCHELER-RIESE): *tenuis spiramina vitae* vorliegt.

46: Sündenfall als Folge der materiellen Bindung der Seele

setzt die platonische Präexistenzlehre voraus, die Augustin zur Erklärung des Sündenfalls heranzog: vgl. J. GROSS, Entstehungsgeschichte des Erbsündedogmas I, München-Basel 1960, 259 ff. Non solito terreni ponderis usu: ist eine stark akzentuierte Formulierung (durch das *non* des übernommenen [s. u.] Versteils angelegt) der verbreiteten Lehre von der contagio von Geist und Materie (d. h. eines leichten Elements mit einem schweren; zur Menschenschöpfung als der Verbindung zweier Elemente s. u.; vgl. Prud. Cath. 10, 2f.: *duo qui socians elementa / hominem deus effigiasti*; Prosp. carm. de ingr. 724 [PL 51, 132 A]; carm. de prov. div. 219 ff. [PL 51, 622 B]) als der Ursache des Sündenfalls. Vgl. Prud. Apoth. 814—819: *Ergo animam factam magno et factore minorem, / maioremque aliis atque omnibus imperitantem* (vgl. zu 44), / *corruptela putris nascentem turbida carnis / concipit, ac membris tabentibus interfusam* (Seele besteht also schon vorher) / *participat de faece sua* (= terrenum pondus: vgl. Ov. Met. 1, 68); *fit mixta deinde / peccandi natura luto cum simplice flatu*. Vgl. Cath. 10, 25—28: *Si terrea forte voluntas / luteum sapit et grave captat, / animus quoque pondere victus / sequitur sua membra deorsum*. Zum Versteil bis zur Trithemimeres vgl. Paul. Petr. vita Mart. 1, 3; 4, 9; Prosp. carm. de ingr. 267 (PL 51, 110 B); Ven. Fort. carm. 4, 6, 5 (83 LEO), zum Versteil ab der Penthemimeres vgl. CLE 688, 4: *ter[ren]i corporis usum*. — Das negative Moment der ‚Erdenschwere‘ ist vorgebildet in der aristotelischen Abwertung der sublunaren Sphäre (darüber einiges bei A. RONCONI zu Cic. rep. 6, 17 und H. HAPP, Hyle, Berlin-New York 1971, 367—373 pass.). Pondus wird zum Terminus der Elementenlehre (vgl. Ov. Met. 1, 20; 15, 241), unter welchem Aspekt auch die Stoiker die Lebewesen sehen (vgl. Verg. Aen. 6, 730—732: *igneus est ollis vigor et caelestis origo / seminibus, quantum non noxia semina tardant, / terrenique hebetant artus moribundaque membra*); die enge Assoziierung der Begriffe pondus und elementum zeigt das Gedicht des Favinus de ponderibus (Anthol. Lat. 1, 2, Nr. 486, 29 BüCHELER-RIESE), das die Allgemeingültigkeit des trockenen Themas 2 f. folgendermaßen begründet: *pondus rebus natura locavit / corporeis: elementa suum regit omnia pondus*. Aus dem Elementardualismus der stoischen Auffassung (siehe die Vergilstelle) konnte pondus leicht in die Zweinaturenchristologie hineingenommen werden, so Dracont. laud. 2, 107 CORSARO: *ast ubi terrenum sumpsit cum corpore pondus / immortale genus*; zum Ausdruck vgl. noch Orient. comm. 1, 45: *brutum terreno est pondere corpus*; 69: *terreno e pondere*.

47: internus … homo: ὁ ἔσω ἄνθρωπος (interior homo) von

Rom. 7, 22; 2 Cor. 4, 16; Eph. 3, 16, im Zusammenhang mit der Erschaffung Adams schon Tert. an. 9, 8 verwendet, wenn auch materiell gedeutet, erscheint in den patristischen Texten stets in der von der Bibel gegebenen sprachlichen Formulierung, wenngleich sich der Gebrauch von internus dem interior homo nähert: so Lucif. reg. apost. 8 (CSEL 14, 55 HARTEL): *intellege quod sic Arriana haeresis ... interna illa omnia tua maculet; adverte, quod enim sic efficiat hominem tuum interiorem sicuti et haec;* in demselben Zusammenhang (Weltschöpfung mit zeitlichem Vorziehen des inneren Menschen vor den körperlichen), aber in Beziehung zu dem anthropologischen Terminus species steht internus in der Rufinübersetzung der pseudoklementinischen recognitiones 1, 28 (GCS 51, 24 REHM): *cuius* (sc. hominis) *interna species est antiquior.* Wieder kann, wie es scheint, ein formaler Grund für die lexikalische Besonderheit geltend gemacht werden: offenbar wollte Agrestius, obwohl die Form interior unter Inkaufnahme derselben Anomalie wie bei internus, der brevis vor der Trithemimeres, metrisch möglich wäre, den Verstyp dddd vermeiden. O n e r a t u r : gehört zur Interpretation des Sündenfalls als der Folge einer contagio verschiedener Elemente: vgl. Ov. Met. 15, 240 f.: *duo* (sc. elementa) *sunt onerosa suoque / pondere in inferius ... feruntur.* R u d i s a c c o l a m u n d i : Umschreibung des totus homo, d. h. der leiblich-seelischen Einheit (terrenum pondus und internus homo), gebildet mit einer Wendung nach Lucan. 4, 592: *rudis incola* (an derselben Versstelle wie hier), von dem es zunächst Mar. Victorius 1, 338 übernimmt und auf Adam anwendet: *indulsisse pium* (sc. deum) *rudis incola crederet orbis* (die Nominalgruppe ist zur Vermeidung eines Hiats in der Klausel nach vorn gerückt; ein Hinweis auf Lukan fehlt in den Ausgaben von SCHENKL, CSEL 16 und HOVINGH, CC 128). Wegen einerseits der an beiden Stellen gleichen Beziehung auf Adam, andererseits der lexikalischen Unterschiede muß angenommen werden, daß die Victoriusstelle als Gedächtniszitat (incola/ accola; orbis / mundi) übertragen wurde und nicht umgekehrt; dazu kommt, daß Mar. Victorius 1, 309 *accola* von Adam gebraucht (Adam als Bewohner des Paradieses) und er ferner an zwei Stellen (2, 171; 3, 324) die Verbindung *novus accola* verwendet, was inhaltlich *rudis incola* gleichkommt und so zu einer Kontamination mit jener Phrase in einem Gedächtniszitat den Ausschlag geben konnte. Zum Gebrauch von accola anstelle von incola vgl. Paul. Nol. carm. 12, 2: *summi mens accola caeli.* Direkt auf Lukan geht Arator 2, 1192 zurück.

48: iussa verenda: vgl. Stat. Theb. 3, 702 sowie Rust. Help. benef. 126 (PL 62, 548 C), ebenfalls vom Befehl Gottes. Prior est: prior entspricht primus wie in der auf das 2. oder 3. Jhdt. zurückgehenden Übersetzung der Hermasapokalypse (Herm. vers. vulg. vis. 2, 4 [= vis. 2, 8, 1 GCS 48, 7 WHITTACKER] ed. A. HILGENFILD, Leipzig 1873), wo prior einem πρώτη entspricht; vgl. auch die Übersetzung der pseudoklementinischen recognitiones durch Rufin (recog. 1, 66 GCS 51, 45 REHM), wo Gamaliel *prior omnium* das Wort ergreift und schließlich Aug. serm. 204, 3 (PL 38, 1038), der *prior* vom ‚Protomartyr‘ Stephanus gebraucht. Die für das Spätlatein charakteristische Unsicherheit im Gebrauch der Gradus der Adjektiva hat die Verwendung der bei Ov. Fast. 2, 189 und Trist. 1, 6, 19 (vgl. auch Pont. 2, 6, 27) ebenfalls nach der Penthemimeres gesetzten Wortverbindung ermöglicht. Transgressus: die metaphorische Verwendung leitet sich vom biblischen Sprachgebrauch von παραβαίνειν / *transgredi* ab (z. B. Num. 5, 6; Deut. 17, 2 etc.). Vgl. carm. adv. Marc. 5, 5, 11: *mandata dei transgressi* (= peccatores); Prosp. carm. de ingr. 4 (PL 51, 94 B): *mandatum transgrederentur*. Zu dem Übersetzungslehnwort vgl. LÖFSTEDT, Late Latin 56. In der Folge des Verbums steht das Substantiv transgressio neben dem häufigeren praevaricatio als Bezeichnung für den Sündenfall Adams (entspricht παράβασις: siehe LAMPE, Patristic Greek Lexicon s. v.), z. B. Zacchaeus 1, 15 (PL 20, 1082 A): *primi hominis transgressio*, häufig mit dem Attribut prima (vgl. zu prior), z. B. Cypr. bon. pat. 17 (CSEL 3, 409 HARTEL): *in illa prima transgressione praecepti*; Aug. contra duas ep. Pelag. 1, 10, 17 (PL 44, 559): *in prima transgressione praecepti*. Entsprechend ist Adam ab Cypr. bon. pat. 11 (CSEL 3, 404 HARTEL) *datae legis transgressor*. Im vorliegenden Fall handelt es sich also um einen tatsächlichen ‚Christianismus‘, der aber nur eines der Sprachelemente des Gedichtes ist. Adepti: Stellen zur passiven Verwendung bringt ThlL 1, 690, 21 ff. Die klassische Dichtersprache meidet den passiven Gebrauch, erst Gratt. Cyneg. 170 (PLM 1, 38 BÄHRENS) verwendet das Deponens passivisch, ebenfalls in der Form des Perfektpartizips und in der Klausel.

49: immemor arbitrii: vgl. Ov. Fast. 2, 255: *immemor imperii* als Versteil bis zur Penthemimeres. Zum Ersatz von imperii durch ein Synonym vgl. zu 47: *accola*, zu arbitrium in der Bedeutung von imperium dei ThlL 2, 412, 17 ff. Eine direkte Beziehung zu der Ovidstelle ist vielleicht möglich, erstens, weil Agrestius auch 47: *rudis accola mundi* Victorius wohl dem Zusammenhang

(Lukanzitat auf Adam bezogen) nach, aber unter Verwendung von
Synonymen zitiert, was hier bei imperii / arbitrii der Fall wäre,
zweitens, weil die Ovidpassage in ihrem Handlungsablauf dem
Sündenfall sehr ähnlich ist: im Aition des Katasterismos von
Becher, Rabe und Schlange (crater, corvus, anguis) wird die Ge-
schichte vom Raben erzählt, der, das Gebot Apollos mißachtend
(immemor imperii), von einem Feigenbaum fressen will und letzten
Endes als Entschuldigung den den wahren Sachverhalt wissenden
Gott belügt, wofür er bestraft wird. Eine wesentliche Rolle spielt
dabei auch eine Schlange (der Rabe gibt vor, sie habe ihn am Er-
füllen seines Auftrages gehindert, redet sich also auf sie aus).
Agrestius setzt wie Ov. Fast. 2, 256 das Satzgefüge mit *dum* fort.
Er könnte hier über ein auch sonst gebrauchtes Epitheton deornans
Adams (vgl. z. B. Cypr. bon. pat. 11 [CSEL 3, 404 HARTEL]:
Adam praecepti inmemor; Paul. Nol. carm. 32, 158: *immemor Adam*;
carm. ad Flav. Fel. 60: *immemor ille Dei* [sc. Adam]) eine klassische
Reminiszenz angebracht haben. Draconi: Poetisierung des bib-
lischen *serpens* wie Cypr. poeta 1, 107; 118.

APPENDIX 1

Weil das Stellenmaterial zu versus in der Bedeutung ‚Gedicht‘,
auf das nicht verzichtet werden konnte, da es noch nirgends geboten
wurde, die Lesbarkeit des Kommentars zu stark beeinträchtigt
hätte, erschien es günstig, es in Form eines Anhangs zusammen-
zustellen.

Stellen zu 1.: Die Verwendung zur Bezeichnung von epigraphischen Gedichten ist häufig im Frühmittelalter: Ennod. carm. 2, 8
(MGH auct. ant. 7, 120 VOGEL): Inschrift der Sixtusbasilika des
Laurentius; 2, 9 (120 VOGEL); 2, 10 (122 VOGEL): Inschrift auf
einem Mailänder Haus; 2, 17 (127 VOGEL): *versus super regiam
triclini in domo*; 2, 18 (134 VOGEL): Inschrift auf einem Missorium;
2, 20 (134 VOGEL): Inschrift in einem Baptisterium; 2, 56 (157 VO-
GEL): versus im Mailänder Baptisterium; 2, 60 (158 VOGEL): versus
zu Anlaß der Erneuerung der Calemerusbasilika; 2, 123 (242 VOGEL):
versus für einen Raum; Anthol. Lat. 1, 1, 380, 292 BÜCHELER-RIESE
(Petrus Referendarius): versus in der basilica palatii sanctae Mariae;
Ven. Fort. carm. 1, 2 (8 LEO): versus über die Andreaskirche
des Bischofs Vitalis von Ravenna (gibt sich als Inschrift);
carm. 2, 3 (29 LEO): versus als Inschrift im Oratorium von
Tours; carm. 7, 24 (175 f. LEO): *versus in gavatis* (sieben Vierzeiler

als Aufschrift von Gefäßen); 10, 5; 6 (234 LEO; Inschrift eines Ora-
toriums bzw. einer Kirche in Tours); Eugen. Tolet. carm. 8 (MGH
auct. ant. 14, 238 VOLLMER): *versus in bibliotheca* (richtig ergänzt
von VOLLMER); 77 (264 VOLLMER): *versus super lectum* (Inschrift); append. 48 (280 VOLLMER): Inschrift für eine Johannes-
kirche. Die Selbstbezeichnung eines Epigramms mit versus ist
bereits CLE 438, 1; 477, 1; 511, 10 (versiculi) 1237, 11; 1404, 17
BÜCHELER-RIESE, sowie Damas. carm. 7, 25 (PL 13, 381 A)
belegt.

    Stellen zu 2.: Anthol. Lat. 1, 1, 377, 289 BÜCHELER-RIESE
(Florentinus): Ekphrasis eines Baptisteriums; 378 (Calbulus; mit
Zusätzen wie *a parte episcopi, descensio fontis*, die an den technischen Zusatz bei Agrestius erinnern); 379 (Calbulus); 394; 1, 2,
484[a] (Augustinus): Epigramm auf einen Gefallenen aus den Dona-
tistenwirren; 492: 16 telestichische Verse von Bellesarius auf Sedulius (= CSEL 10, 307 f. HUEMER); 493: ebenfalls 16 telestichische
Verse auf Sedulius von Liberatus (= CSEL 10, 309 HUEMER); 680[a]:
Priscianus über die Gestirne; 689[a]: Silvius = Ps. Orient. epithet.
salvat. 129 f. RAPISARDA; 720[b]: Damasus an einen Freund; 728:
Claudii ad puellam; 925: Laetus Avianus zu Martianus Capella;
Ennod. carm. 2, 19 (134 VOGEL): Kurzgedicht auf einen wasser-
speienden Steinlöwen; 2, 23 — 2, 26 (135—136 VOGEL); 2, 33;
2, 34 (141 f. VOGEL); 2, 110 (201 VOGEL): über das Schloß des Bischofs Honoratus; 2, 114 (215 VOGEL): *versus de flagello infantis
Aratoris*; carm. 2, 128 (244 VOGEL): *versus de vectatione*; carm. 2,
143 (266 VOGEL). Ein indirektes Zeugnis ist Ennod. opusc. 6
(311 VOGEL), ein zwölfzeiliges Gedicht mit dem Thema ‚*laus
versuum*‘; Eugen. Tolet. carm. 96 (267 VOLLMER); Ven. Fort.
5, 4 (107 LEO): Genethliakon für Gregor von Tours. Neben
diesen im traditionellen Bereich des Epigramms liegenden Gedichten werden auch kürzere Gebete als versus bezeichnet: Anthol.
Lat. 1, 2, 490 steht ein Gebet von 32 Versen unter dem Titel: *versus
Platonis de Graeco in Latinum translati* (von Tiberianus); denselben
Titel trägt das möglicherweise nicht authentische erste Auso-
niuseidyllion (Nr. 9, 30 SCHENKL), ein christliches Gebet von
31 Versen.

    Stellen zu 4.: Ennod. carm. 2, 142 (Nr. 366, 266 VOGEL):
epigramma . . . facti subito (vgl. S. 46 f.). *missi domno Fausto praef. p.*
Deutlich liegt hier eine Kontamination der Synonyma epigramma
und versus vor. Wegen des technischen Zusatzes und der sonst
nirgends ersichtlichen Adressierung wird auch die Kontamination

Ennodius gehören; carm. 2, 143 (266 VOGEL): versus des
Faustus (Epigramm), möglicherweise dem Ennodius übersandt.
HARTEL, CSEL 6 nimmt gegen das Zeugnis der besten Hs. B versus
nirgends in die Überschriften der Gedichte; Ven. Fort. append. 4
(279 LEO): versus an König Sigimund, die sich in Vers 7 selbst
als epistula bezeichnen; append. 9 (281 LEO): versus als Dank-
schreiben für übersandte Früchte.

APPENDIX 2

Als die Arbeit bereits im Druck war, machte mich Prof. Bischoff freundlicherweise brieflich auf eine Untersuchung von
P. A. C. VEGA, Un poema inedito, titulado de fide, de Agrestio,
obispo de Lugo, Siglo V aufmerksam, die im Boletín de la Real
Academia de la historia 159 (Madrid 1966) 167—209 erschien, und
deren Titel ihm selbst durch Zufall eben untergekommen war.
Glücklicherweise konnte sie in Form einer zweiten Appendix noch
berücksichtigt werden. Genannter Artikel gelangt mittels äußer-
licher Kombination der S. 7 angegebenen Notiz aus Idatius — die
vermutlich zweite Quelle für den Bischof, die Subskriptionsliste
des Oranger Konzils vom Jahre 441, bleibt unberücksichtigt — und
der durch Gennadius bekannten Fakten über Pastor und Syagrius
zu demselben Ergebnis bezüglich der Persönlichkeit des Dichters
wie vorliegende Arbeit. Dabei wird jedoch einerseits auf den Befund
vergleichender Textinterpretation verzichtet, andererseits die Autor-
schaft des Agrestius von Lugo etwas zu apodiktisch vertreten.
Selbstverständlich gilt der Bischof als Spanier, die vom Namen
und der poetischen Form her wahrscheinliche Beziehung zu Gallien
wird ignoriert. Unbefriedigend ist die Identifizierung des Adressaten
mit Avitus von Braga. Hiezu ein specimen der Beweisführung:
S. 199 glaubt Vega, in der in unserem Testimonienapparat und im
Kommentar zu Vers 4 (aeternam in Christo . . . salutem) angeführten
Grußformel des Schreibens des Avitus von Braga: aeternam in
Domino salutem, von der er sagt: no la hemos visto usada por
nadie, ein Argument für seine Vermutung gefunden zu haben. Die
Formel läßt sich jedoch bis Cyprian zurückverfolgen. In einem An-
hang druckt Vega den Text des Gedichtes, einerseits offenbar als bloße
Transkription der Hs. — Verständlichkeit, Grammatik und Metrik
scheinen ihn infolgedessen nicht zu interessieren —, andererseits
wird an zwei Stellen konjiziert (richtig in 10: ⟨Ex⟩; zu 20 s. u.). So
wird auch die Orthographie zum Großteil übernommen — auch

die Kürzungen der nomina sacra kommen in den Text —, dann jedoch wieder die Behauchung ⟨h⟩erbe in 16 ergänzt. Im ‚Apparat‘,
äußert Vega sich fast ausschließlich zur Lesbarkeit der Hs. und
enthält sich ansonsten philologischer Stellungnahmen mit wenigen
Ausnahmen, wobei er jedoch in zwei Fällen in die Irre geht: Der
Verweis zu 2: *celebres quos fama frequentat* auf Verg. Aen. 5, 302:
quos fama obscura recondit ist, außer was die auch sonst häufige Personifikation der Fama betrifft, fehl am Platz, da der Vergilvers das
Gegenteil aussagt wie Agrestius. Vielmehr wäre ein Hinweis auf das
Vokabular des spätantiken Briefkopfes angebracht. Die Bemer-
kung zu 13: *zezania*: forma arcaica wäre besser unterblieben. Richtig ist der Hinweis zu 16: expr. virgiliana (vgl. Testimonien und
Kommentar z. St.). Hatte sich Vega somit offenkundig nicht die
philologische Behandlung des Textes, sondern lediglich dessen Um-
schrift zum Zweck der besseren und bequemeren Lesbarkeit zum
Ziel gesetzt, so ist die relativ hohe Anzahl von falschen Lesungen
der Hs. dem Verständnis des Gedichtes nur abträglich. Hier scheint
es geboten, ins Detail zu gehen: Im Titel wird das problematische
factitie (s. S. 48) einfach übergangen; 4: *creatoris* (Hs. *creatori*); 5:
salutigeri (Hs. *salutiferi*); 7: *germinum* (Hs. *germine*; im Apparat
werden als weitere Möglichkeiten statt *um* die Buchstabenfolgen *en*
oder *et* angeboten); 12: *inter qua sata* (Hs. *inter tua sata*; unrichtig
ist, vom sprachlichen Standpunkt her, die Notiz im Apparat: *qua* por
quae); 18: *vel* (Hs. *velle*); 22: *A noxia* (Hs. *ancxia*); 23: *centessima*
(Hs. *centesima*); 27: *pronto* (Hs. *promto*; die Nasale werden, falls
abgekürzt, konsequent mit einfacher virgula für n, mit punktierter
virgula für m geschrieben); 30: *non genitus sed ab utroque* (nach dem
Toletanum I; Hs. *unum qui monstrat utrumque*); 42: *ecuor* (Hs. *ęcor*);
43: *credidit* (Hs. *condidit*); 45: *solis aere* (Hs. *soli sacro*); 49: *ad eum*
(Hs. *adepti*; da das d deutlich lesbar ist, ist die im Apparat erwogene
Möglichkeit *at eum* — abgesehen von der sprachlichen Schwierigkeit — vom Standpunkt der Paläographie hinfällig. In der Klausel
des problematischen Verses 6 schreibt Vega *cordium*, was weder in
der Hs. steht noch sprachlich sinnvoll ist, ebensowenig wie das im
Apparat erwogene *eorum*. Der tatsächliche Text der Handschrift,
corum (= *quorum*), wird dagegen nicht mitgeteilt. Völlig unver-
ständlich ist, warum Vega den verstümmelten Anfang von 20 zu
V⟨el⟩ ergänzt und die paläographisch (Haplographie) wie sprachlich (entsprechende Konjunktion für die Konjunktive in 21 f.)
so naheliegende Konjektur u⟨t⟩ im Apparat ausdrücklich ver-
wirft.

Die angeführten Beispiele dürften wohl hinlänglich klar-
machen, daß eine kritische, mit philologischen Mitteln durchge-
führte Auseinandersetzung mit dem interessanten Fragment durch
die Arbeit Vegas nicht nur nicht überflüssig, sondern im Sinn
exakten wissenschaftlichen Bemühens erst aktuell gemacht wurde.*

---

* H. Bascour, Bull. de théol. anc. et med. 10 (1969) 578, Nr. 1988 spricht
in einer Kurzanzeige zu Unrecht von einer „édition".

LITERATURVERZEICHNIS *

ALTANER, B., A. STUIBER, Patrologie[7], Freiburg i. Br. 1966.

BARDENHEWER, O., Geschichte der altkirchlichen Literatur 2[2], 3[2], 4[2], Freiburg i. Br. 1914, 1923, 1924. (Nachdruck Darmstadt 1962.)

BAUER, W., Rechtgläubigkeit und Ketzerei im älteren Christentum, Tübingen 1934.

BISCHOFF, B., Ein Brief Julians von Toledo über Rhythmen, metrische Dichtung und Prosa, Hermes 87 (1959) 247—256 (= Mittelalterliche Studien 1, Stuttgart 1966, 288—298).

BRANDES, W.: Studien zur christlich lateinischen Poesie, Wr. Stud. 12 (1890) 280—316.

BREWER, H., Über den Heptateuchdichter Cyprian und die Caena Cypriani, ZThK 28 (1904) 92—115.

BÜCHNER, K., Beobachtungen über Vers und Gedankengang bei Lukrez, Hermes Einzelschr. 1 (1936).

CAMERON, A., The Fate of Pliny's Letters in the Late Empire, Class. Quart. 59 (1965) 289—298.

CLARK, CH. U., Collectanea Hispanica, Trans. Connecticut Acad. of Arts and Sciences 24, Paris 1920.

CURTIUS, E. R., Europäische Literatur und lateinisches Mittelalter, Bern-München 1967[7].

DEKKERS, E., E. GAAR, Clavis Patrum Latinorum[2], Steenbrugge 1961 (Sacris Erudiri 3).

DENZINGER, H., J. B. UMBERG, Enchiridion Symbolorum[26], Freiburg i. Br. 1947.

DREXLER, H., Caesur und Diaerese, Aevum 24 (1950) 332—366.

— Einführung in die römische Metrik, Darmstadt 1967.

DUCHESNE, L. M., Les anciens catalogues de la province de Tours, Paris 1890.

DUCKWORTH, G. E., Vergil and Classical Hexameter Poetry, Michigan University 1969.

ENGELBRECHT, A., Das Titelwesen bei den spätlateinischen Epistolographen, Wien 1893.

GAMS, P. B., Die Kirchengeschichte von Spanien 2, 1, Regensburg 1864.

— Series episcoporum, Regensburg 1873.

GNILKA, CH., Notizen zu Prudentius, Rhein. Mus. 109 (1966) 84—94.

GRÖBER, G., Vulgärlateinische Substrate romanischer Wörter, ALL 6 (1889) 377—397.

GROSS, J., Entstehungsgeschichte des Erbsündedogmas 1, München-Basel 1960.

HAPP, H., Hyle, Berlin-New York 1971.

HAGENDAHL, H., Latin Fathers and the Classics, Acta Univ. Gothob. 64 (1958).

HAURÉAU, B., Gallia sacra 14 (1856).

HELLEGOUARC'H, J., Le monosyllabe dans l'hexamètre latin, Paris 1964.

HERZOG, R., Die allegorische Dichtkunst des Prudentius, Zetemata 42 (1966).

---

* Lexikonartikel sind nur dann aufgenommen, wenn sie öfter zitiert werden.

100 K. Smolak

HOOGMA, R. P., Der Einfluß Vergils auf die carmina Latina epigraphica, Amsterdam 1959.
KEYDELL, R., Die literarhistorische Stellung der Gedichte Gregors von Nazianz, Atti dello VIII° Congr. internaz. di studi Bizantini, Palermo 1951 (Rom 1953), 134—143.
KLEIN, R., Symmachus, Darmstadt 1971 (Impulse der Forschung 2).
KROLL, W., Studien zum Verständnis der römischen Literatur, Stuttgart 1924 (Nachdruck Darmstadt 1964).
KÜNSTLE, K., Antipriscilliana, Freiburg i. Br. 1905.
LAVARENNE, M., Étude sur la langue du poète Prudence, Paris 1933.
LAUSBERG, H., Handbuch der literarischen Rhetorik, München 1960.
LEUMAN, M., J. B. HOFMANN, A. SZANTYR, Lateinische Syntax und Stilistik, München 1965 (Hb. d. Altertumswiss.).
LÖFSTEDT, E., Philologischer Kommentar zur Peregrinatio Aetheriae, Uppsala 1911 (Nachdruck Darmstadt 1966).
— Late Latin, Oslo 1959.
LOHMEYER, E., Probleme paulinischer Theologie, ZNW 26 (1927) 158—173.
MANITIUS, M., Zu späten lateinischen Dichtern, Rhein. Mus. 45 (1890), 153—157; 316 f.; 485—491.
— Geschichte der christlich lateinischen Poesie, Stuttgart 1891.
— Geschichte der lateinischen Literatur des Mittelalters 1, München 1911 (Hb. d. Altertumswiss.).
MARTIN, J., Die Gestaltung des christlichen Dogmas, Stuttgart 1959.
MARX, F., Molossische und bakcheische Wortformen in der Verskunst der Griechen und Römer, Abh. sächs. Akad. d. Wiss., phil.-hist. Kl. 37, 1 (1922).
MEYER, W., Der Gelegenheitsdichter Venantius Fortunatus, Abh. Gött. Ges. d. Wiss., Phil.-hist. Kl. N. F. 4, 5 (1901) = Wege der Forschung 149, Darmstadt 1969, 57—90.
MEYER-LÜBKE, W., Romanisches etymologisches Wörterbuch[3], Heidelberg 1935.
MILLARES-CARLO, A., Manuscritos Visigóticos, Hisp. Sacra 14 (1961) 337—444 = Monumenta Hisp. Sacra subsid. 1, Barcelona-Madrid 1963.
MOHRMANN, CH., Die altchristliche Sondersprache in den Sermones des hl. Augustin, Lat. Christ. Prim. 1, 3 (1932), Nachdruck Amsterdam 1965.
MORIN, G., Pastor et Syagrius, deux écrivains perdus du cinquième siècle, Revue Bénédictine 10 (1893) 385—394.
NEUE, F., C. WAGENER, Formenlehre der lateinischen Sprache 4[3], Leipzig 1905.
NORDEN, E., Ἄγνωστος θεός, Leipzig-Berlin 1913.
— Vergilius, Aeneis VI[4], Berlin 1927 (Nachdruck Darmstadt 1957).
PEARCE, T. E. V., The Enclosing Word Order in the Latin Hexameter, Class. Quart. N. S. 16 (1966) 140—171; 298—320.
PERROT, J., Les dérivés latins en -men et -mentum, Paris 1961.
PETERSDORFF, E. v., Dämonologie 2, München 1957.
ROUËT DE JOURNEL, Enchiridion patristicum[14], Freiburg i. Br. 1947.
SCHANZ, M., C. HOSIUS, G. KRÜGER, Geschichte der römischen Literatur 4, 1; 4, 2, München 1914[2] bzw. 1920 (Hb. d. Altertumswiss.).
SCHNÜRER, G., Die Verfasser der sogenannten Fredegar-Chronik, Collectanea Friburgensia 9 (1900).
SCHULZE, W., Manuclus, ALL 8 (1893) 133 f.

SMIT, J. W., Studies on the Language and Style of Columba the Younger, Amsterdam 1971.

SMOLAK, K., Prudentius, Apotheosis 438—441, Wr. Stud. 83 (1970) 214—241.

— Der dreifache Zusammenklang, Wr. Stud. 84 (1971) 180—194.

— Zur Himmelfahrt Christi bei Synesios von Kyrene, JÖB 20 (1971) 7—30.

SOLIN, H., Beiträge zur Kenntnis der griechischen Eigennamen in Rom, Helsinki 1971.

STROHECKER, K. F., Der senatorische Adel im spätrömischen Gallien, Tübingen 1948.

STUTZENBERGER, A., Der Heptateuch des gallischen Dichters Cyprianus, Programm Zweibrücken 1902/1903 Beiheft.

TAFEL, S., Die verloren geglaubte Hälfte des Vossianischen Ausonius-Kodex, Rhein. Mus. 69 (1914) 630—641.

THRAEDE, K., Beiträge zur Datierung Commodians, JbAC 2 (1959) 90—114.

— Epos, RAC 5, 983—1042.

— Untersuchungen zum Ursprung und zur Geschichte der christlichen Poesie I, JbAC 4 (1961) 108—127.

— Arator, JbAC 4 (1961) 187—196.

— Untersuchungen zum Ursprung und zur Geschichte der christlichen Poesie II, JbAC 5 (1962) 125—157.

— Untersuchungen zum Ursprung und zur Geschichte der christlich-lateinischen Poesie III, JbAC 6 (1963) 101—111.

— Die infantia des christlichen Dichters, JbAC Erg. Bd. 1 (1964) 362—365.

— Studien zu Sprache und Stil des Prudentius, Hypomnemata 13 (1965).

— Sprachlich-Stilistisches zu den Briefen des Symmachus, Rhein. Mus. 111 (1968) 260—289.

— Grundzüge griechisch-römischer Brieftopik, Zetemata 48 (1970).

VEGA, P. A. C., Un poema inedito, titulado de fide, de Agrestio, obispo de Lugo, Siglo V, Boletín de la Real Academia de la historia 159 (1966) 167—209.

VERMEULEN, A. J., The semantic development of gloria in early — Christian Latin, Lat. Christ. Prim. 12 (1956).

WALDE, A., J. B. HOFMANN, Lateinisches etymologisches Wörterbuch 2³, Heidelberg 1954.

INDEX LOCORUM

technop. *3*: 46; *4*: 46; append. *4* (= eid. *20*): 44
Avianus
fab. *15, 13*: 87; *16, 7*: 66
Avitus v. Alcimus Avitus
Avitus Bracharensis
ep. ad Palch.: 52

Benedictus
reg. prol. *1*: 17

Calpurnius Siculus
2, 11: 87; *6, 52*: 64
Carmen ad Flavium Felicem
1 ff.: 14; *18—31*: 86; *31*: 86; *60*: 94
Carmen adversus Marcionitas
1, 4, 2: 87; *1, 4, 3*: 90; *1, 6, 10*: 86; *1, 8, 4*: 87; *4* arg. *3*: 59; *4, 8, 8*: 84; *5, 4, 4*: 88; *5, 5, 11*: 93; *5, 9, 23*: 86; *5, 10, 4*: 89
Carmen contra paganos
78: 49
Carmen de ligno vitae
55: 71
Carmen de providentia divina
1: 86; *103*: 82; *120*: 84; *151*: 80; *153*: 80; *216 f.*: 87; *219 ff.*: 91
Carmen de Sodoma
3: 80; 81; *67*: 70
Carmen de ternarii numeri excellentia
2: 77
Cassianus
contra Nest. *1, 2*: 67
Cassiodorus
var. *10, 15, 1*: 59
Catullus
1, 4: 15; *13*: 18; *64, 207*: 34; *70, 4*: 80
Cento Probae
29 ff.: 75; *71*: 18; 85
Charisius
GL *1, 33, 12*: 48
Chirius Fortunatianus
3, 4: 48
Cicero
Arch. *10*: 45; Cluent. *3*: 72; de or. *1, 84*: 60; *2, 131*: 54; *2, 262*: 47; *3, 194*: 45 (bis); div. *2, 133*: 82; ep. ad Att. *13, 6, 4*: 48; fin. *2, 14, 10*: 60; inv.

1, 19, 27: 74; rep. *6, 17*: 91; *6, 26*: 88
CIL (cf. CLE, ILCV)
2, 2584: 7; *5, 617, 6*: 50; *6, 47*: 6 (Anm. 5); *6, 2104*: 66; *6, 7898*: 83; *6, 10766, 1*: 85; *6, 18385, 13*: 65; *9, 1382*: 6 (Anm. 5); *10, 6218*: 52; *14, 3565, 37*: 80
Ciris
43: 64; *477*: 60
Claudianus
carm. *3, 212*: 69; *24, 66*: 85; rapt. Pros. *3, 142*: 64
CLE (cf. CIL, ILCV)
438, 1: 95; *465, 16*: 86; *477, 1*: 95; *511, 10*: 95; *528, 3*: 86; *654, 1 f.*: 49; *654, 2*: 51; *673*: 52; *688, 4*: 91; *698, 1*: 50; *725*: 51; *769, 10*: 86; *778*: 50; *1058*: 83; *1156, 3*: 86; *1184, 13*: 65; *1237, 11*: 95; *1371*: 52; *1391*: 52; *1404, 17*: 95; *1406, 5*: 86; *1438, 7*: 64; *1504, 37*: 80; *1535, 1*: 85
Ps. Clemens Romanus (versio Rufini)
recogn. *1, 28*: 92; *1, 66*: 93; *6, 2*: 62; *6, 3*: 62
Columella
10, 71: 70
Commodianus
instr. *2, 10 (14)*, tit.: 67; *2, 10 (14), 7*: 67; carm. apol. *89*: 74; *91*: 76; *91—94*: 74
Concilia
I *3, 199, 6*: 74; I *5, 345, 32 f.*: 75; I *5, 252, 16*: 57
Copa
20: 76
Corippus
Ioh. *2, 304*: 69
Cyprianus
bon. pat. *11*: 93; 94; *17*: 93; ep. *22*: 53; *31, 7*: 58; 72; *45, 2*: 61; *76*: 52; 53; *77*: 52; *79*: 52; append. ep. *2*: 56; 61; zel. et liv. *7*: 72
Cyprianus poeta
1, 20: 87; *1, 28*: 87; *1, 31*: 89; *1, 37*: 83; *1, 59*: 83; *1, 107*: 94; *1, 118*: 94; *1, 121*: 66; *1, 136*: 64; *1, 723*: 83; *2, 32*: 64; *1, 723*: 83; *2, 286*: 83; *5, 136*: 86

109: 81; Macchab. *303 f.*: 86; *302—*
304: 86
Hippolytus
    Philos. *10, 34, 3*: 24 (Anm. 50)
Horatius
    carm. *2, 20*: 61; ep. *1, 1, 13*: 69;
    1, 14, 4: 69; *1, 18, 58*: 69; *2, 1, 208*:
    69; *2, 2, 52*: 45; *2, 2, 54*: 45; Schol.
    Vindob. in art. poet. *46*: 48

Idatius (Hydatius)
    chron. Hieron. *100*: 7
Ps. Ignatius Antiochenus
    Phil. *2*: 78
ILCV (cf. CIL, CLE)
    992, 2: 52; *1024, 6*: 52; *1044, 1*: 50;
    1097, 1: 51; *1231, 4*: 52; *3185*: 6
    (Anm. 5)
Ionas Bobbiensis
    vita Col. *2, 9*: 6 (Anm. 5)
Iordanes
    Get. *220*: 69
Irenaeus
    1, 25, 1: 76
Isidorus
    eccl. off. *1, 28, 2*: 61; etym. *7, 14, 5*:
    73
Iuvencus
    1, 18: 85; *2, 488*: 73; *2, 522*: 70;
    2, 628: 76; *3, 7*: 67; *3, 146*: 73

Lactantius
    div. inst. *3, 8, 8*: 81; *7, 4, 12*: 89;
    opif. *19, 9*: 72
Laudes Domini
    38 ff.: 80
Licentius v. Augustinus, ep. *26*, carm.
Lucanus
    1, 588: 87; *2, 5*: 69; *4, 592*: 92; *8, 87*:
    89; *10, 216*: 70; *10, 266*: 29
Lucifer
    ep. *6*: 50; reg. apost. *8*: 92
Lucretius
    1, 58: 81; *2, 333*: 83; *2, 1077 f.*: 77;
    5, 65: 81; *5, 1411*: 82

Manilius
    1, 247: 82; *4, 888*: 82

Marius Victorinus
    adv. Ar. *4, 20*: 78; hym. *1*: 77
Marius Victorius
    aleth. *1, 1 ff.*: 75; *1, 15 f.*: 82; *1,
    22 ff.*: 83; *1, 41*: 85; *1, 119*:
    89; *1, 152*: 87; *1, 163 f.*: 88;
    1, 206—208: 88; *1, 309*: 92; *1, 338*:
    92; *1, 513*: 70; *2, 81*: 70; *2, 171*: 92;
    2, 524: 87; *3, 324*: 92; prec. *6 f.*: 78;
    27: 85
Martialis
    1, 117: 15; *11, 20, 1*: 44
Martianus Capella
    6, 670: 71
Ps. Maximus Taurinensis
    bapt. *1*: 61
Merobaudes *v.* Flavius Merobaudes
Minucius Felix
    18, 2: 64
Montanus
    ep. *1*: 52; *2*: 49

Nemesianus
    cyneg. *105*: 86

Optatus Milevitanus
    5, 3: 73
Oracula Sibyllina
    3, 23: 80; *4, 14 f.*: 80; *8, 225*: 80;
    aposp. *3, 3—6*: 84; *3, 6*: 80
Orientius
    comm. *1, 1*: 74; *1, 45*: 88; 91; *1, 48*:
    88; *1, 69*: 91; *1, 115*: 86; *1, 209*: 68;
    1, 287: 86; *2, 54*: 69; *2, 57*: 69;
    2, 58: 69; Ps. Orientius, epith. salv.
    129 f.: 95 (= Anthol. Lat. *1, 1, 689ᵃ*);
    trin. *15 f.*: 78
Orosius
    apol. *33, 1 f.*: 58; hist. *7, 6, 8*: 64
Orphica
    Nr. *168*, vers. *6 f.*: 77
Ovidius
    am. *2, 1, 23*: 85; *2, 6, 54*: 77; *2, 14,
    5*: 64; *3, 1, 59*: 54; ars *1, 726*:
    70; eptaph. *4*: 74; fast. *1, 493*:
    87; *2, 189*: 93; *2, 255*: 93; *2, 256*: 94;
    2, 293: 69; *2, 421*: 85; *3, 100*: 86;
    5, 11: 81; *5, 149*: 85; Her. *12, 99*: 82;
    Ib. *363*: 85; met. *1, 20*: 91; *1, 22 f.*:

8, 7: 28; 79; 80; 81; 83; Prov. *1, 8*: 17;
Is. *6, 6 f.*: 55; Dan. *3, 77*: 80;
Psalm. *121, 1*: 63; *145, 6*: 74; 80;
Matth. *6, 30*: 84; *13, 3—9*: 56; *13, 7*:
58; *13, 8*: 71; *13, 19*: 62; *13, 25*: 28;
56 (bis); 58; 67; *13, 25 ff.*: 57;
13, 30: 67; *13, 31*: 57; *13, 37*: 57;
71; *13, 38*: 57; Marc. *4, 3—9*: 56;
4, 7: 58; *4, 8*: 71; *4, 14*: 57; *4, 15*: 61;
62; *4, 20*: 63; Luc. *8, 5—9*: 56; *8, 7*:
58; *8, 11*: 57; *8, 12*: 62; *8, 13*: 63;
8, 15: 57; 62; Ioh. *9, 31*: 49; *10, 30*:
76; 78; *14, 11*: 12; *15 f.*: 11; *15, 26*:
11; 76; *16, 7*: 11; *16, 13*: 76; *16, 15*:
76; Act. *2, 4*: 90; *4, 24*: 74; 80;
4, 29—31: 61; *4, 32*: 61; *14, 14*: 74;
80; Rom. *1*: 52; *7, 22*: 92; *10, 10*:
63; *1* Cor. *2, 10*: 12; *1* Cor. *2, 11*: 11;
12 (ter); *1* Cor. *8, 6*: 11; *1* Cor. *15, 49*:
88; *2* Cor. *3, 6*: 13 (Anm. 24); *2* Cor.
4, 16: 92; Eph. *3, 16*: 92; *1* Thess.
1, 1: 52; Phil. *1*: 52; *1* Tim. *1, 2*: 52;
2 Tim. *1, 1*: 53; Tit. *1, 1*: 52; *1, 4*: 53;
Iac. *1, 1*: 52; *2* Petr. *1, 1*: 52; Iud.
1, 1: 52; Apoc. *10, 6*: 80; *14, 7*: 74; 80;
4 Esdr. *4, 30*: 62
Salvianus
 gub. dei, praef. *2*: 60
Sedulius
 carm. pasch. *2, 176*: 89; ep. ad
 Maced. *1*: 53; 66
Seneca philosophus
 de spe *55*: 70; ep. *124, 2*: 81; Tro.
 1094: 64
Servius auctus
 ad Verg. Georg. *2, 354*: 70; Aen. *11,
 566*: 66
Sidonius Apollinaris
 carm. *2, 357*: 74; *15, 116*: 29; *23*: 17
 (Anm. 31); ep. *2, 10*: 23; *2, 10, 1*: 17
 (Anm. 31); 55; 71; *2, 10, 5*: 68; 72;
 7, 5: 13 (Anm. 22); *7, 17, 1*: 52;
 8, 6, 2: 50; *8, 14, 1*: 17; 50; 51; *9, 15*
 vers. *46*: 48
Silius Italicus
 1, 206 f.: 80; *2, 350*: 64; *15, 788*: 87;
Statius
 Theb. *2, 572*: 83; *2, 631*: 89; *3, 308*:
 80; *3, 702*: 93; *6, 512*: 89; *8, 738*: 82

Solinus
 27, 6: 71
Syagrius
 2, 143: 11; *7, 148*: 12; *7, 148 ff.*: 11;
 8, 151: 11 (Anm. 17); *8, 152*: 11;
 10, 158: 12
Symbola
 Clemens Trinitas: 78; Fides Damasi:
 78; Symb. conc. Tolet. I: 78
Symmachus
 ep. *1, 3, 1*: 54; *1, 8*: 21 (Anm. 39);
 1, 14, 2: 16; *1, 27*: 54; *4, 34, 1*: 54;
 7, 6: 16; *7, 11*: 16; *7, 58*: 16; *8, 44*: 54;
 9, 87: 16; *9, 88, 2*: 69; or. *1, 3*: 54
Synesius
 hym. *1, 210—213*: 77

Tacitus
 dial. *2, 5*: 73; *6, 9*: 53; *9, 1*: 45
Tertullianus
 an. *9, 8*: 92; *16, 7*: 56; apol. *10, 6*: 72;
 Marc. *2, 12*: 82; or. *29, 4*: 78; paen.
 12, 6: 81; Prax. *1*: 56; *27*: 73
Theodoretus
 eranist. *2*: 43; hist. eccl. *1, 23, 8 f.*: 61

Valerius Flaccus
 2, 18: 82; *7, 375*: 64
Venantius Fortunatus
 carm. *1, 2*: 94; *1, 10, 3*: 82; *1, 11, 6*:
 49; *1, 15, 1 f.*: 49; *1, 15, 2*: 51; *2, 3*:
 94; *2, 16, 1 f.*: 49; carm. praef. *3*: 56;
 carm. *3*, ep. ad Eufron.: 51; *3, 4, 3*: 51
 (bis); *3, 15, 1—4*: 51; *3, 15, 27 f.*: 57;
 3, 18: 21; *3, 18, 1*: 62; *3, 19*:
 21; *3, 19, 7*: 13 (Anm. 24); *3, 23ᵃ, 7 f.*:
 57; *3, 29, 1*: 61; *4, 1, 25*: 71; *4, 6, 5*:
 91; *5* ep. ad Mart. *3*: 62; *5, 2, 41*: 67;
 5, 4: 49; 95; *5, 5*: 51; *5, 5, 41 f.*: 76;
 7, 14, 9: 49; 51; *7, 16, 23*: 61; *7, 24*:
 94; *8, 3, 393*: 51; *10, 4, 1*: 62; *10, 5*:
 95; *10, 5, 1*: 74; *10, 6*: 95; *10, 6, 1 f.*:
 51; *10, 7, 1*: 51; append. carm. *2,
 3—5*: 78; *4, 7*: 96; *9*: 96; *29, 5*: 85;
 vita Alb. *7*: 21; 56; vita Hil. *1*: 51;
 virt. Hil. *1*: 51; vita Mart. *1, 290*: 87;
 2, 397: 73; *2, 452*: 48; *3, 425*: 87
Vergilius
 Aen. *1, 60*: 11; *1, 282*: 71; *1,*

ABKÜRZUNGSVERZEICHNIS

AASS	Acta Sanctorum
AASS ord. Ben.	Acta Sanctorum ordinis sancti Benedicti
CC	Corpus Christianorum
CGIL	Corpus glossariorum Latinorum
CIL	Corpus inscriptionum Latinarum
CLA	Codices Latini antiquiores
Class. Quart.	Classical Quarterly
Clav. Patr. Lat.	Clavis patrum Latinorum
CLE	Carmina Latina epigraphica
CSEL	Corpus scriptorum ecclesiasticorum Latinorum
DACL	Dictionnaire d'archéologie chrétienne et de liturgie
GCS	Die griechischen christlichen Schriftsteller der ersten Jahrhunderte
GL (Gramm. Lat.)	Grammatici Latini
GL^{L}I Ansil.	Glossaria Ansileubi
Hisp. sacra	Hispania sacra
ILCV	Inscriptiones Latinae Christianae veteres
Inscr. Christ.	Inscriptiones Christianae
JbAC	Jahrbuch für Antike und Christentum
JÖB	Jahrbuch der österreichischen Byzantinistik
Lat. Christ. Prim.	Latinitas Christianorum primaeva
Leum. Hofm. (Szant.)	Leumann-Hofmann(-Szantyr), Lateinische Grammatik
LThK	Lexikon für Theologie und Kirche
MGH	Monumenta Germaniae Historica
PIR	Prosopographia imperii Romani
PL	Patrologia Latina
PLM	Poetae Latini minores
RAC	Reallexikon für Antike und Christentum
RE	Realencyclopädie der classischen Altertumswissenschaft
REW	Romanisches etymologisches Wörterbuch
Rhein. Mus.	Rheinisches Museum für Philologie
Sacr. Erud.	Sacris Erudiri
ThlL	Thesaurus linguae Latinae
ThWBNT	Theologisches Wörterbuch zum Neuen Testament
VS	Die Fragmente der Vorsokratiker
WBNT	Wörterbuch zum Neuen Testament
Wr. Stud.	Wiener Studien
ZKTh	Zeitschrift für katholische Theologie
ZNW	Zeitschrift für die Neutestamentliche Wissenschaft